유학생을 **위한 교양 한국어 읽기 1**

유학생을 위한 교양 한국어 읽기 1

초판 1쇄 인쇄   2019년 3월 4일
초판 1쇄 발행   2019년 3월 8일

지 은 이   고경민
펴 낸 이   박찬익
편 집 장   황인옥
책임편집   디자인마루

펴 낸 곳   (주)박이정
주   소   서울시 동대문구 천호대로 16가길 4
전   화   (02)922-1192~3
팩   스   (02)928-4683
홈페이지   www.pjbook.com
이 메 일   pijbook@naver.com
등   록   2014년 8월 22일 제305-2014-000028호

I S B N   979-11-5848-424-8 (03710)

유학생을 위한 교양 한국어 읽기 1

KOREAN

고경민 지음

(주)박이정

일러두기

교재 소개

이 교재는 유학생 대상 교양 한국어 과정 강좌에 사용하기 위해 개발된 기능 중심 교재입니다. 3급에서 4급 수준으로 입학한 외국인 유학생들의 수준에 맞춰 읽기 능력을 강화하고, 읽기와 다른 기능과의 통합 수업을 목적으로 제작되었으며, 중급 수준의 '읽기 1' 교재와 고급 수준의 '읽기 2' 교재로 이루어져 있습니다. 이 교재는 대학교에서 강의를 수강하는 다양한 유학생들이 대학 생활에 잘 적응하고 강의 수강을 위해 필요한 기초적인 능력을 키울 수 있도록 다양한 장르의 읽기 주제로 단원을 구성하였습니다. 각 단원은 읽기 전 단계와 읽기 단계, 읽기 후 단계로 구성하였으며, 이해 교육의 측면에서 학습자의 배경지식을 활용하고, 이를 쓰기와 연계할 수 있도록 편성하였습니다. 학문 목적 유학생 대상의 한국어 교양 강좌에서 사용될 수 있도록 개발되었으나 유학생이 혼자서 학습할 수 있도록 부록에 '길잡이' 부분을 따로 마련하였습니다. 유학생들이 다양한 읽기 자료를 통해 읽기 능력을 향상시키고 읽기 전략을 통해 읽기 능력을 점진적으로 향상시키는 것이 이 교재의 목적입니다.

교재의 구성과 단원 구성

이 교재는 총 13개의 단원으로 이루어져 있습니다. 한 단원은 주 1회 2~3시간 강의에서 활용할 수 있도록 구성하였습니다. 각 단원은 안내하는 글 Ⅰ, Ⅱ, 초대하는 글, 광고하는 글, 요청하는 글, 정보를 전달하는 글, 경험을 전달하는 글 Ⅰ, Ⅱ, Ⅲ, 사실적인 글 Ⅰ, Ⅱ, 주제별 읽기 Ⅰ, Ⅱ 로 구성되어 있습니다. 각 단원의 구성은 읽기의 과정 전략을 사용하여 읽기 전, 읽기 중, 읽은 후의 활동으로 구성하였습니다. 각 단원의 세부 학습 내용은 아래와 같습니다.

1. 주제 생각하기

단원의 주제를 알려주고 주제에 대해서 여러 가지 생각을 할 수 있도록 도움을 줄 수 있게 구성하였습니다.

읽기자료에 대한 배경지식을 활성화하기 위한 전략으로 다양한 생각을 해 본 후 다음 장에 나오는 읽기 자료를 예상하거나 짐작해 볼 수 있습니다.

2. 읽기 전 활동

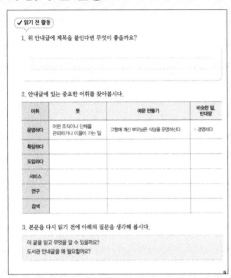

읽기 자료를 읽기 전에 먼저 눈으로 훑어보고 읽기 전 활동을 할 수 있게 구성하였습니다. 제목이 무엇인지 추측하거나 어휘의 쓰임을 학습자들이 미리 찾아보는 것이 중요합니다. 읽는 것에만 집중하지 않고 이 글을 읽는 목적을 생각할 수 있도록 질문을 제시하였습니다. 읽기 전 활동에서는 본문을 천천히 볼 수 있도록 문장 단위로 나눠서 제시하였습니다.

3. 읽기 활동

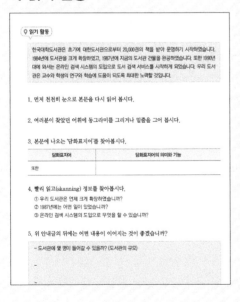

읽기 활동에서는 읽으면서 이해를 돕기 위해 다양한 활동을 할 수 있도록 구성하였습니다. 다양한 읽기 방법으로 천천히 읽기, 모르는 단어 찾으면서 읽기, 담화 표지어 이해하기 등 다양한 방법을 사용할 수 있도록 제시하였습니다.

또한 읽으면서 정확히 읽을 수 있도록 정보 찾기 활동을 제시하였고 더 나아가 읽기 자료의 뒤나 앞을 추론할 수 있는 질문까지 제시하여 확장된 읽기 활동을 할 수 있게 하였습니다.

4. 읽기 후 활동

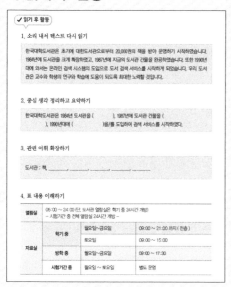

읽기 자료를 읽은 후에 정리하는 단계로 요약하기, 빈칸 채우기 활동을 통해 읽기 자료에 대한 이해를 돕습니다.

읽기 주제에 따라 어휘를 더 확장시켜서 관련된 어휘를 생각해 보고 관련된 주제의 표나 그래프로 정리해 보도록 제시하였습니다.

5. 과제

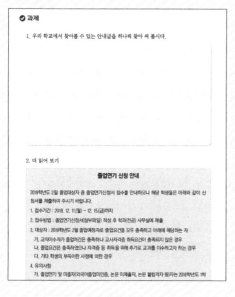

과제 활동은 수업 시간 이외에 할 수 있는 활동으로 읽기 자료와 같은 주제의 자료를 찾아보거나 통합적 활동으로 쓰기가 같이 제시됩니다. 또 같은 주제의 읽기 자료를 제시해서 읽기의 전략을 사용해 볼 수 있도록 하였습니다. 수업 중에 또는 읽는 과정에서 배운 전략들을 사용해 봄으로써 학습자가 새로운 읽기 자료를 접했을 때 능숙하게 읽을 수 있도록 도움을 줄 것입니다.

6. 읽기 후 활동 길잡이

길잡이는 혼자 학습을 해야 하는 학습자들을 위한 부분입니다. 전체 단원 내용 중 혼자서 활동하기 어려운 부분에 대한 길잡이 내용이 들어 있습니다. 처음부터 길잡이 내용을 보기보다는 혼자 확인하기 어려운 부분이 있을 때 활용하는 것이 좋겠습니다.

차 례

01 안내하는 글 I ···································· 9

02 안내하는 글 II ··································· 21

03 초대하는 글 ···································· 31

04 광고하는 글 ···································· 41

05 요청하는 글 ···································· 51

06 정보를 전달하는 글 ·························· 63

07 경험을 전달하는 글 I ······················ 75

08 경험을 전달하는 글 II ····················· 85

09 경험을 전달하는 글 III ···················· 99

10 사실적인 글 I ·································· 113

11 사실적인 글 II ································· 123

12 주제별 읽기 I ································· 133

13 주제별 읽기 II ································ 141

※ 읽기 후 활동 길잡이 ························· 151

01

안내하는 글

I

[단원 목표]

우리 학교에서 안내하는 글을 읽고 이해할 수 있다.

01 안내하는 글 Ⅰ

✅ 주제에 대해 생각해 봅시다.

- 여러분도 이러한 안내 표지판을 본 적이 있나요?

①

②

①번은 무엇에 대한 안내문일까요?

②번은 무엇에 대한 안내문일까요?

- 안내문은 우리 주변에서 쉽게 볼 수는 중요한 내용을 알려주는 글입니다. 여러분이 비행기를 타거나 병원에 갔을 때도 안내하는 글을 잘 확인하는 것이 중요합니다.

✅ 본문 1

- 다음은 우리 도서관에 대한 안내문입니다.

> 한국대학도서관은 초기에 대한도서관으로부터 20,000권의 책을 받아 운영하기 시작하였습니다.
> 1984년에 도서관을 크게 확장하였고, 1987년에 지금의 도서관 건물을 완공하였습니다.
> 또한 1990년대에 와서는 온라인 검색 시스템의 도입으로 도서 검색 서비스를 시작하게 되었습니다.
> 우리 도서관은 교수와 학생의 연구와 학습에 도움이 되도록 최대한 노력할 것입니다.

✔ 읽기 전 활동

1. 위 안내글에 제목을 붙인다면 무엇이 좋을까요?

2. 안내글에 있는 중요한 어휘를 찾아봅시다.

어휘	뜻	예문 만들기	비슷한 말, 반대말
운영하다	어떤 조직이나 단체를 관리하거나 이끌어 가는 일	고향에 계신 부모님은 식당을 운영하신다.	= 경영하다
확장하다			
도입하다			
서비스			
연구			
검색			

3. 본문을 다시 읽기 전에 아래의 질문을 생각해 봅시다.

> 이 글을 읽고 무엇을 알 수 있을까요?
> 도서관 안내글이 왜 필요할까요?

한국대학도서관은 초기에 대한도서관으로부터 20,000권의 책을 받아 운영하기 시작하였습니다. 1984년에 도서관을 크게 확장하였고, 1987년에 지금의 도서관 건물을 완공하였습니다. 또한 1990년대에 와서는 온라인 검색 시스템의 도입으로 도서 검색 서비스를 시작하게 되었습니다. 우리 도서관은 교수와 학생의 연구와 학습에 도움이 되도록 최대한 노력할 것입니다.

1. 먼저 천천히 눈으로 본문을 다시 읽어 봅시다.

2. 여러분이 찾았던 어휘에 동그라미를 그리거나 밑줄을 그어 봅시다.

3. 본문에 나오는 '담화표지어'를 찾아봅시다.

담화표지어	담화표지어의 의미와 기능
또한	

4. **빨리 읽고**(skanning) 정보를 찾아봅시다.
   ① 우리 도서관은 언제 크게 확장하였습니까?
   ② 1987년에는 어떤 일이 있었습니까?
   ③ 온라인 검색 시스템의 도입으로 무엇을 할 수 있습니까?

5. 위 안내글의 뒤에는 어떤 내용이 이어지는 것이 좋겠습니까?

- 도서관에 몇 명이 들어갈 수 있을까? (도서관의 규모)

-

-

-

-

1. 소리 내서 텍스트 다시 읽기

한국대학도서관은 초기에 대한도서관으로부터 20,000권의 책을 받아 운영하기 시작하였습니다. 1984년에 도서관을 크게 확장하였고, 1987년에 지금의 도서관 건물을 완공하였습니다. 또한 1990년 대에 와서는 온라인 검색 시스템의 도입으로 도서 검색 서비스를 시작하게 되었습니다. 우리 도서 관은 교수와 학생의 연구와 학습에 도움이 되도록 최대한 노력할 것입니다.

2. 중심 생각 정리하고 요약하기

한국대학도서관은 1984년 도서관을 (   ), 1987년에 도서관 건물을 (   ), 1990년대에 (   )을/를 도입하여 검색 서비스를 시작하였다.

3. 관련 어휘 확장하기

도서관 : 책, _____, _____, _____, _____, _____

4. 표 내용 이해하기

열람실	05:00 ~ 24:00 (단, 도서관 열람실은 학기 중 24시간 개방) – 시험기간 중 전체 열람실 24시간 개방 –		
자료실	학기 중	월요일~금요일	09:00 ~ 21:00 까지 (전층)
		토요일	09:00 ~ 15:00
	방학 중	월요일~금요일	09:00 ~ 17:30
	시험기간 중	월요일 ~ 토요일	별도 운영

① 열람실은 몇 시부터 몇 시까지 이용할 수 있습니까? (   )부터 (   )까지
② 자료실은 방학 중 무슨 요일에 이용할 수 있습니까? (   )
③ 도서관을 오후 3시까지 이용할 수 있는 기간은 언제입니까? (   )
④ 방학 중에는 토요일에 자료실을 이용할 수 있습니까?

5. 다음은 우리 도서관의 자료실에 대한 안내입니다.

3층	**소장자료**	국내외 학술지 및 일반잡지, 국내학술논문집, 신문, 팸플릿, 사보 등과 의학 및 예술 관련 자료
	주요 서비스	– 국내외 연속간행물 제공 – 학술정보검색 서비스 – 원문복사 서비스 – 전자저널 및 Web DB 자료 검색 서비스
4층	**소장자료**	순수과학, 기술과학(의학단행본 제외), 어학, 문학, 역사 관련 단행본
	주요 서비스	– 신착도서정보 – 자료이용안내 – 소재불명 도서신청
5층	**소장자료**	총류, 종교, 사회과학 관련 단행본
	주요 서비스	– 신착도서정보 – 자료이용안내
역사 문화 기록실	**소장자료**	단행본, 학위논문, 신문, 팸플릿, 비도서 등의 지역 자료
	주요 서비스	– 역사 관련 자료 제공 – 자료이용안내

① 순수과학 서적을 빌리려면 몇 층으로 가야 합니까? (　　　　　)
② 연속간행물 서비스를 받고 싶으면 몇 층에서 받아야 합니까? (　　　　　)
③ 역사 문화 기록실에서는 어떤 자료를 제공하고 있습니까? (　　　　)
④ 사회과학과 관련한 자료는 몇 층에서 찾을 수 있습니까? (　　　　)
⑤ 4층 자료실에서는 어떤 서적을 빌릴 수 있습니까? (　　　　)

✅ 본문 1

- 다음은 대학교의 수강신청에 대한 안내글입니다.

> 수강바구니 담기 기간에는 학생이 신청하고자 하는 강의를 수강바구니에 등록합니다.
> 그리고 본 수강신청기간에는 자동신청처리가 안된 과목을 재신청하거나 다른 과목으로 변경하여 신청합니다.
> 최종수강정정에는 수강정정 기간에 정정을 못하였거나 기타 사정(폐강과목 등)에 의해 추가 정정이 필요한 경우 신청합니다.
> 마지막으로 최종수강정정기간에 수강신청교과목 정정요청서를 작성하여 담당 교수님께 제출합니다.

✔ 읽기 전 활동

1. 위 안내글에 제목을 붙인다면 무엇이 좋을까요?

2. 안내글에 있는 중요한 어휘를 찾아봅시다.

어휘	뜻	예문 만들기	비슷한 말, 반대말
신청하다	학교에서 학생이 듣고 싶은 교과목을 등록하는 것	이번 학기에 어떤 과목 신청했어요?	= 요청하다
등록하다			
자동			
정정			
최종			
제출하다			

3. 본문을 다시 읽기 전에 아래의 질문을 생각해 봅시다.

> 수강신청 안내글을 왜 읽을까요?
> 수강신청 안내글에는 어떤 내용이 들어 있을까요?

📍 읽기 활동

> 수강바구니 담기 기간에는 학생이 신청하고자 하는 강의를 수강바구니에 등록합니다. 그리고 본 수강신청기간에는 자동신청처리가 안된 과목을 재신청하거나 다른 과목으로 변경하여 신청합니다. 최종수강정정에는 수강정정 기간에 정정을 못하였거나 기타 사정(폐강과목 등)에 의해 추가 정정이 필요한 경우 신청합니다. 마지막으로 최종수강정정기간에 수강신청교과목 정정요청서를 작성하여 담당 교수님께 제출합니다.

1. 먼저 천천히 눈으로 본문을 다시 읽어 봅시다.

2. 여러분이 찾았던 어휘에 동그라미를 그리거나 밑줄을 그어 봅시다.

3. 본문에 나오는 '담화표지어'를 찾아봅시다.

담화표지어	담화표지어의 의미와 기능
그리고	

4. 빨리 읽고(skanning) 정보를 찾아봅시다.

① 자동처리가 안 된 과목은 언제 재신청합니까?
② 추가정정이 필요한 경우는 언제입니까?
③ 최종수강정정 기간에는 교수님께 무엇을 제출해야 합니까?

5. 위 안내글의 뒤에는 어떤 내용이 이어지는 것이 좋겠습니까?

> – 수강정정 기간은 언제일까? (정정 기간!)
> –
> –
> –

1. 중심 생각 정리하고 요약하기

수강바구니 담기 기간에는 학생이 신청하고자 하는 강의를 (   ), 본 수강신청 기간
에는 자동신청 처리가 안 된 과목을 (   ). 최종수강정정기간에는 정정하고 싶은 과
목에 대해 (   ) 교수님께 제출합니다.

2. 관련 어휘 확장하기

수강신청 : 강의시간표, _____, _____, _____, _____, _____

3. 표 내용 이해하기

• 다음은 대학교의 수강신청에 대한 안내글입니다.

구 분	기 간	대 상	방 법
강의시간표 조회	08. 02.(수) 11:00	전체학생	모바일, 웹, 포털
수강바구니 담기 본수강신청	[신청] 08. 08.(화) 09:30 ~ 08. 10.(목) 24:00	전체학생	모바일, 웹
	[결과확인] 08. 11.(금) 13:00		
본수강신청	08. 16.(수) 09:30 ~ 24:00	장애학생, 특기자	모바일, 웹
	08. 17.(목) 09:30 ~ 08. 22.(화) 24:00	재학생	
폐강교과목 공지(1차)	08. 24.(목) 15:00		홈페이지
수강정정	08. 28.(월) 09:30 ~ 09. 01.(금) 24:00		모바일, 웹
폐강교과목 공지(2차)	09. 04.(월) 15:00	전체학생	홈페이지
최종수강정정	09. 05.(화) 09:30 ~ 09. 08.(금) 24:00		담당 교수님
수강철회	09. 11.(월) 09:30 ~ 24:00		학생직접철회 (모바일, 웹)

수강신청내역 확인	09. 11.(월) 이후 상시	전체학생	웹, 포털

① 수강바구니 담기 신청은 언제부터 언제까지입니까? (   )부터 (   )까지

② 수강바구니 담기는 어디에서 결과를 확인할 수 있습니까? (   )

③ 8월 16일에는 어떤 학생들만 신청을 할 수 있습니까? (   )

④ 폐강 교과목 1차 공지는 어디에서 확인할 수 있습니까? (   )

⑤ 수강신청 내역은 언제부터 알 수 있습니까? (   )

⑥ 최종수강정정은 언제부터 언제까지 가능합니까? (   )부터 (   )까지

⑦ 최종수강정정은 어떻게 해야 합니까? (   )께 요청서를 제출한다.

⑧ 수강철회는 어디에서 할 수 있습니까? (   )

✅ 과제

1. 우리 학교에서 찾아볼 수 있는 안내글을 하나씩 찾아 써 봅시다.

2. 더 읽어 보기

졸업연기 신청 안내

2019학년도 2월 졸업대상자 중 졸업연기신청서 접수를 안내하오니 해당 학생들은 아래와 같이 신청서를 제출하여 주시기 바랍니다.

1. 접수기간 : 2018. 12. 11.(월) ~ 12. 15.(금)까지

2. 접수방법 : 졸업연기신청서(첨부파일) 작성 후 학과(전공) 사무실에 제출

3. 대상자 : 2019학년도 2월 졸업예정자로 졸업요건을 모두 충족하고 아래에 해당하는 자

    가. 교직이수자가 졸업여건은 충족하나 교사자격증 취득요건이 충족되지 않은 경우

    나. 졸업요건은 충족하였으나 자격증 등 취득을 위해 추가로 교과를 이수하고자 하는 경우

    다. 기타 학생의 부득이한 사정에 의한 경우

4. 유의사항

    가. 졸업연기 및 미졸자(외국어졸업미인증, 논문 미제출자, 논문 불합격자 등)는 2019학년도 1학기 반드시 1과목 이상 수강신청 하여야 합니다.

    나. 2019년 2월로 졸업을 연기하였던 학생이 계속 연기하고자 하는 경우, 추가로 신청하여야 합니다(졸업연기 최대 가능 횟수: 2회).

    다. 외국어 미인증, 졸업시험(논문) 불합격자 등은 미졸업자로 졸업연기 대상자가 아닙니다.

안내하는 글 II

[단원 목표]
우리 지역의 안내하는 글을 읽고 이해할 수 있다.

02 안내하는 글 II

✓ 주제에 대해 생각해 봅시다.

• 여러분도 이러한 안내 표지판을 본 적이 있나요?

①

②

• 여러분의 고향에서 지역을 대표하는 명소의 안내 표지판을 한 번 찾아보세요. 안내 표지
  판에는 어떤 내용이 들어갈까요?

• 지역의 유명한 장소나 박물관, 전시실 등에는 어디에나 안내 표지판이 있습니다. 안내 표
  지판의 내용을 잘 살펴봐야 그 장소에 대해 정확히 알 수 있습니다.

• 1번 사진에 어떤 내용이 들어가 있을까요? 본문 읽기에서 살펴보도록 하겠습니다.

✅ 본문 1

· 다음은 '중앙탑 공원'에 대한 안내문입니다.

> 탑평리 칠층석탑(중앙탑)은 국보 제6호로 현재 남아있는 신라의 석탑 중 가장 높은 탑이다.
>
> 탑평리 칠층석탑은 7층 석탑으로 신라 원성왕때 국토 중앙에 만들어졌다고 하여 중앙탑이라고 불린다.
>
> 중앙탑 주변에는 넓은 잔디밭에 조각공원이 조성되어 있으며, 충주 박물관과 술 박물관이 위치해 있다.
>
> 한편 바로 옆의 탄금호수는 여름철 수상레저를 즐길 수 있어 여름철 관광객이 많이 찾는 곳이다.

✔ 읽기 전 활동

1. 위 안내글에 제목을 붙인다면 무엇이 좋을까요?

2. 안내글에 있는 중요한 어휘를 찾아봅시다.

어휘	뜻	예문 만들기	비슷한 말, 반대말
탑	여러 층으로 높게 만든 건축물. 한국의 절에 가면 많이 볼 수 있다.	오늘 공원에서 본 탑은 신라 때에 쌓은 탑이다.	= 타워?
국토			
중앙			
조성하다, 조성되다			
수상레저			
관광객			

3. 본문을 다시 읽기 전에 아래의 질문을 생각해 봅시다.

한국의 유명한 탑에는 어떤 탑들이 있을까요? 탑은 왜 만들까요?
지역 안내 표지판에는 어떤 내용들이 들어가면 좋을까요?

- 아래는 한국의 유명한 석탑입니다. 왼쪽부터 '중앙탑', '석가탑', '다보탑'입니다. 여러분 고향의 '탑'이나 탑과 비슷한 건축물과 한 번 비교해 보십시오.

📍 읽기 활동

탑평리 칠층석탑(중앙탑)은 국보 제6호로 현재 남아있는 신라의 석탑 중 가장 높은 탑이다. 탑평리 칠층석탑은 7층 석탑으로 신라 원성왕 때 국토 중앙에 만들어졌다고 하여 중앙탑이라고 불린다. 중앙탑 주변에는 넓은 잔디밭에 조각공원이 조성되어 있으며, 충주 박물관과 술 박물관이 위치해 있다. 한편 바로 옆의 탄금호수는 여름철 수상레저를 즐길 수 있어 여름철 관광객이 많이 찾는 곳이다.

1. 먼저 천천히 눈으로 본문을 다시 읽어 봅시다.

2. 여러분이 찾았던 어휘에 동그라미를 그리거나 밑줄을 그어 봅시다.

3. 본문에 나오는 '담화표지어'를 찾아봅시다.

담화표지어	담화표지어의 의미와 기능
한편	

4. 빨리 읽고(skanning) 정보를 찾아봅시다.
   ① 탑평리 칠층석탑의 다른 이름은 무엇입니까?
   ② 탑평리 칠층석탑은 언제 만든 탑입니까?
   ③ 탑 주변에는 어떤 볼거리가 있습니까?

5. 위 안내글의 뒤에는 어떤 내용이 이어지는 것이 좋겠습니까?

- 탑평리 칠층석탑의 높이는? (탑의 규모)
-
-
-
-

✓ 읽기 후 활동

1. 중심 생각 정리하고 요약하기

탑평리 칠층석탑은 (   )으로도 불리는 석탑으로, 주변에는 (   ), 조각공원, (   ), 술 박물관이 있다. 근처의 (   )는 여름에 관광객이 많이 찾는 곳으로 (   )를 즐길 수 있다.

2. 관련 어휘 확장하기

공원 : 휴식, _____, _____, _____, _____, _____

박물관 : 역사, _____, _____, _____, _____, _____

관광 : 비행기, _____, _____, _____, _____, _____

3. 표와 그래프 내용 이해하기

이용요금			
구 분	입 장 료 (주·보조관측실, 전시실, 시청각실)		천체투영실 이용료 (부대시설요금 추가)
	개인	단체(30인 이상)	
성 인	3,000원	2,000원	천체투영실 1인 500원
청 소 년	2,000원	1,500원	
어 린 이	1,000원	500원	

※관람할인(50%)
아래에 해당하는 분은 증빙자료(신분증 등)을 확인합니다.
- 주소지가 충주로 되어 있으신 분. 65세 이상 경로우대자
- 군인, 경찰, 국가유공자, 장애인, 국민기초생활 수급자

〈출처〉 고구려천문과학관 홈페이지 (http://www.gogostar.kr/)

① 성인과 어린이의 입장료는 얼마나 차이가 있습니까?

② 관람할인(50%)은 누가 받을 수 있습니까?

③ 성인 두 명이 입장하고, 천체투영실을 이용하려면 얼마를 내야 합니까?

✅ 본문 1

- 다음은 지역의 축제에 대한 안내글입니다.

> 유네스코(UNESCO)가 공식 후원하는 세계무술축제는 세계무술과 문화의 만남이라는 주제로 39개국 55개의 단체가 참여하는 축제입니다.
>
> 국내외의 수준 높은 무술팀들이 참여하여, 풍성한 볼거리와 다양한 체험으로 흥미진진한 축제의 장을 만들 것입니다.
>
> 무술을 사랑하는 분들은 물론 국내외의 각처에서 오시는 많은 관광객 여러분을 축제장에서 만나기를 소망합니다.
>
> 2019년 9월에 개최되는 세계무술축제에 여러분을 초대합니다.

✔ **읽기 전 활동**

1. 여러분 고향의 지역 축제를 아래에 간단히 소개해 보십시오.

2. 안내글에 있는 중요한 어휘를 찾아봅시다.

어휘	뜻	예문 만들기	비슷한 말, 반대말
공식	국가나 사회에서 인정하는 방식. 공식 발표, 공식 회담	담배 가격을 인상한다고 정부에서 공식 발표했다.	↔ 비공식
후원			
참여하다			
풍성하다			
흥미진진하다			
소망하다			

3. 본문을 다시 읽기 전에 아래의 질문을 생각해 봅시다.

> 세계무술축제가 유명한 이유가 무엇일까요?

📍 읽기 활동

유네스코(UNESCO)가 공식 후원하는 세계무술축제는 세계무술과 문화의 만남이라는 주제로 39개 국 55개의 단체가 참여하는 축제입니다. 국내외의 수준 높은 무술팀들이 참여하여, 풍성한 볼거리 와 다양한 체험으로 흥미진진한 축제의 장을 만들 것입니다. 무술을 사랑하는 분들은 물론 국내외 의 각처에서 오시는 많은 관광객 여러분을 축제장에서 만나기를 소망합니다. 2019년 9월에 개최되 는 세계무술축제에 여러분을 초대합니다.

1. 먼저 천천히 눈으로 본문을 다시 읽어 봅시다.

2. 여러분이 찾았던 어휘에 동그라미를 그리거나 밑줄을 그어 봅시다.

3. 본문에 나오는 '담화표지어'를 찾아봅시다.

문형	문형의 의미와 예문
N 은/는 물론	

4. 빨리 읽고(skanning) 정보를 찾아봅시다.
   ① 세계무술축제에는 몇 개의 나라와 단체가 참여합니까?
   ② 세계무술축제를 공식 후원하는 곳은 어디입니까?
   ③ 2018년에는 몇 월에 축제가 시작됩니까?

5. 위 안내글의 뒤에는 어떤 내용이 이어지는 것이 좋겠습니까?

> – 축제에 어떤 행사를 볼 수 있을까?
> –
> –
> –

1. 중심 생각 정리하고 요약하기

세계무술축제는 유네스코가 공식 (　　　) 무술 축제로 (　　)개국 (　　)개의 단체가 참여하여 다양한 볼거리는 물론 (　　　)을 할 수 있는 축제이다.

2. 관련 어휘 확장하기

축제 : 먹거리, _____, _____, _____, _____, _____

공연 : 가수, _____, _____, _____, _____, _____

3. 표와 그래프 내용 이해하기

※ 다음은 박물관의 체험에 대한 안내글입니다.

체험 가능 연령	만 4세 이상
소요시간	20~30분
인 원	10인 이상 단체 시 사전에 예약전화 부탁드립니다.
그림 체험	자신이 직접 붓으로 그림을 그리고 가져갈 수 있는 체험. (₩10,000)(다른 박물관과 다르게 좋아하는 물건 앞에서 직접 그릴 수 있음)
윷놀이판 체험	옛날에 사용했던 윷놀이 도구를 직접 색칠하고, 색칠한 윷을 가져갈 수 있는 체험. (₩15,000) (나무로 만든 윷은 박물관에서 제공함)

① 박물관에서 체험을 하려면 어떤 방법으로 신청해야 합니까?

② 그림 체험을 할 때 다른 박물관의 체험과 다른 이 박물관의 특징은 무엇입니까?

③ 그림 체험과 윷놀이판 체험을 모두 하려면 얼마가 필요합니까?

④ 윷놀이판 체험에서 내가 직접 체험하는 과정은 무엇입니까?

✅ 과제

1. 우리 지역의 축제나 문화 체험과 관련한 안내문을 찾아서 써 봅시다.

2. 더 읽을 거리

• 한국의 전통을 알 수 있는 '목계별신제'

목계는 남한강 상류에 위치하여, 육로가 발달하기 전에는 서울과 중원 지방을 이어주는 곳이었습니다. <u>특히</u> 조선 시대에 5일장의 형태로 시장이 만들어지면서 사람들이 자주 만났던 곳입니다.

이러한 목계지역의 발전을 위해, 매년 마을 수호신에게 '목계별신제'라는 제사를 드리며 마을의 안녕을 기원하였습니다. 목계별신제는 시간이 지나면서 지역의 대표적인 문화 행사로 자리를 잡았습니다.

목계별신제에서는 별신굿과, 줄다리기, 난장과 같은 민속축제를 중심으로 다양한 놀이도 함께 합니다. 목계별신제가 열리면 멀리 전라도와 경기, 강원 지역에 이르는 사람들이 모두 모여 신나는 축제를 함께 했습니다. 이는 '중원문화'를 만들어내는 큰 힘이 되었습니다.

03

초대하는 글

[단원 목표]
우리 주변의 초대하는 글을 읽고 이해할 수 있다.

03 초대하는 글

✅ 주제에 대해 생각해 봅시다.

• 여러분도 이러한 초대 포스터를 본 적이 있나요?

　　　　　　　① 　　　　　　　　　　　　　　　　　②

여러분도 누군가의 초청을 받아본 경험이 있습니까? 여러분의 초청 경험을 이야기해 보세요.

②번 포스터는 얼마 전 대학에서 열렸던 행사의 초청하는 글입니다. 초대하는 글에는 어떤 내용이 꼭 들어가야 할까요?

• 초대장은 생일이나 기념일, 행사 등에 사용되는 것으로 초청하고 싶은 사람들에게 보내는 안내문의 한 종류입니다. 초대장에는 오는 사람들이 쉽게 찾아올 수 있도록 행사의 장소와 시간, 찾아오는 길 등을 정확하게 적는 것이 중요합니다. 한국에서는 생일이나 결혼, 아이의 돌잔치 등 기쁜 일에 주변 사람들을 초대하여 함께 식사하고 기쁨을 나눕니다. 여러분이 학교를 다니는 동안에 개인적으로 축하할 일에 초청을 받기도 하지만 전공과 관련된 행사나 학교의 기념일에 초청을 받는 일도 있습니다.

✅ 본문 1

• 다음은 학교 행사에 여러분을 초대하는 글입니다.

> 안녕하세요 한국대학교 학생 여러분!
>
> 여러분을 '커피와 빵 나누기 행사'에 초대합니다.
>
> 이번에 우리 도서관에서 기말고사 기간 열심히 공부하는 여러분을 위해 따뜻한 커피와 빵 나누기 행사를 준비했습니다.
>
> 날씨도 추운데 시험 공부하느라 고생하는 여러분에게 조금이나마 힘이 되었으면 좋겠습니다.
>
> 한국인 학생들은 물론 외국인 유학생들까지 우리 학교의 재학생이라면 누구나 참석할 수 있습니다.
>
> 학생증만 가지고 참석하면 따뜻한 커피와 맛있는 빵을 무료로 제공합니다.
>
> 여러분의 많은 참여 바랍니다.
>
> 행사 일시 : 2019년 12월 10일 (월요일) 오전 9시 ~ 오후 5시
>
> 장소 : 한국대학교 도서관 1층 로비

✔ 읽기 전 활동

1. 위와 같은 글의 목적은 무엇입니까?

2. 초대글에 있는 중요한 어휘를 찾아봅시다.

어휘	뜻	예문 만들기	비슷한 말, 반대말
나누다	음식을 함께 먹거나 함께 이야기를 하다. 기쁨이나 슬픔을 함께 하다.	두 사람은 슬픔과 기쁨을 함께 나누는 사이이다.	= 주고받다 ↔ 모으다
행사			
참석하다			
제공하다			
무료			
로비(Lobby)			

3. 본문을 다시 읽기 전에 아래의 질문을 생각해 봅시다.

초대하는 글에서 가장 중요한 정보는 무엇일까요?

♀ 읽기 활동

안녕하세요 한국대학교 학생 여러분!
여러분을 '커피와 빵 나누기 행사'에 초대합니다. 이번에 우리 도서관에서 기말고사 기간 열심히 공부하는 여러분을 위해 따뜻한 커피와 빵 나누기 행사를 준비했습니다. 날씨도 추운데 시험 공부하느라 고생하는 여러분에게 조금이나마 힘이 되었으면 좋겠습니다. 한국인 학생들은 물론 외국인 유학생들까지 우리 학교의 재학생이라면 누구나 참석할 수 있습니다. 학생증만 가지고 참석하면 따뜻한 커피와 맛있는 빵을 무료로 제공합니다. 여러분의 많은 참여 바랍니다.
행사 일시 : 2019년 12월 10일 (월요일) 오전 9시 ~ 오후 5시
장소 : 한국대학교 도서관 1층 로비

1. 먼저 천천히 눈으로 본문을 다시 읽어 봅시다.

2. 여러분이 찾았던 어휘에 동그라미를 그리거나 밑줄을 그어 봅시다.

3. 본문에 나오는 중요 문형을 찾아봅시다.

문형	문형의 의미와 기능
느라(고)	

4. 빨리 읽고(skanning) 정보를 찾아봅시다.
   ① 행사에는 누가 참여할 수 있습니까?
   ② 행사는 언제 시작해서 언제 끝납니까?
   ③ 행사에 참여하면 어떤 혜택이 있습니까?

1. 중심 생각 정리하고 요약하기

한국대학교 도서관에서 (   ) 행사에 초대하였다. 학교의 (   )이라면 누구나 (   )을/를 갖고, 행사에 참여할 수 있다. 행사는 2018년 12월 10일 (   )까지이며, 도서관 1층 로비에서 열린다.

2. 관련 어휘 확장하기

대학교 : 강의실, _____, _____, _____, _____, _____

3. 표와 그래프 내용 이해하기

• 다음은 2018년 2월에 개최했던 '평창 동계 올림픽'의 초대글입니다.

세계인의 축제 2018 평창 동계올림픽에 여러분을 초대합니다.
세계인의 축제, 제23회 동계올림픽대회가 대한민국 강원도 평창에서 2018년 2월 9일부터 25일까지 17일간 개최됩니다. 대한민국 평창은 세 번의 도전 끝에 2018년 동계올림픽 개최지로 선정되었습니다. 이로써 대한민국에서는 1988년 서울 올림픽 이후 30년 만에, 평창에서 개·폐회식과 대부분의 설상 경기가 개최됩니다. 강릉에서는 빙상 종목 전 경기가, 그리고 정선에서는 알파인 스키 활강 경기가 개최될 예정입니다.

4. 표로 만들어보기

• 위에 3번에 나온 초대글을 표로 만들어 봅시다.

세계인의 축제에 여러분을 초대합니다.	
올림픽 개최 장소	
올림픽 개최 기간	
올림픽 경기 종목	강릉:
	정선:

✅ 본문 2

• 다음은 친구에게서 온 '유학생의 밤' 초대 문자입니다.

> 왕찬 씨, 마이클이에요. 이번 주 토요일에 '유학생의 밤' 행사하는 것을 알고 있어요?
> 티흐엉 씨에게 방금 문자를 받았는데 맛있는 음식도 많고, 재미있는 프로그램도 많은 것 같아요.
> 저번에 했던 것처럼 한국 학생들과 '친구 맺기' 프로그램도 하는 것 같아요.
> 유학생의 밤 행사에 참여하려면 우선 유학생 센터에 참가 신청을 하고, 행사에 올 때 학생증을 가지고 와야 한대요.
> 다음으로 같이 오고 싶은 친구 한 명에게 꼭 초대 문자를 보내야 한대요.
> 토요일 6시에 '국제회의장'에서 하니까 왕찬 씨도 꼭 오세요.
> 그리고 다른 친구에게 초대 문자도 꼭 보내야 해요.

✔ 읽기 전 활동

1. 위 초대 문자에 답장을 보낸다면 어떻게 보내는 것이 좋을까요?

2. 초대 문자에 있는 중요한 어휘를 찾아봅시다.

어휘	뜻	예문 만들기	비슷한 말, 반대말
프로그램 (program)	어떤 일이나 행사의 계획이나 순서, 목록	이번 연주회의 프로그램이 완성되었어요.	= 순서, 예정, 목록, 프로
참여하다			
맺다			
방금			

3. 본문을 다시 읽기 전에 아래의 질문을 생각해 봅시다.

> 마이클 씨가 왕찬 씨에게 문자를 보낸 이유가 무엇일까요?

왕찬 씨, 마이클이에요. 이번 주 토요일에 '유학생의 밤' 행사하는 것을 알고 있어요? 티흐엉 씨에게 방금 문자를 받았는데 맛있는 음식도 많고, 재미있는 프로그램도 많은 것 같아요. 저번에 했던 것처럼 한국 학생들과 '친구 맺기' 프로그램도 하는 것 같아요. 유학생의 밤 행사에 참여하려면 우선 유학생 센터에 참가 신청을 하고, 행사에 올 때 학생증을 가지고 와야 한대요. 다음으로 같이 오고 싶은 친구 한 명에게 꼭 초대 문자를 보내야 한대요. 토요일 6시에 '국제회의장'에서 하니까 왕찬 씨도 꼭 오세요. 그리고 다른 친구에게 초대 문자도 꼭 보내야 해요.

1. 먼저 천천히 눈으로 본문을 다시 읽어 봅시다.

2. 여러분이 찾았던 어휘에 동그라미를 그리거나 밑줄을 그어 봅시다.

3. 본문에 나오는 '담화표지어'를 찾아봅시다.

담화표지어	담화표지어의 의미와 기능
우선	
다음으로	

4. 빨리 읽고(skanning) 정보를 찾아봅시다.

① 마이클 씨는 '유학생의 밤' 행사를 왜 가려고 합니까?
② 유학생의 밤 행사에 참여하려면 어떻게 해야 합니까?
③ '유학생의 밤' 행사는 언제, 어디에서 합니까?

5. 여러분도 다른 친구에게 초대 문자를 보내고 싶습니다. 문자를 아래에 써 봅시다.

1. 중심 생각 정리하고 요약하기

마이클 씨가 '유학생의 밤' 행사에 같이 가자고 문자를 보냈습니다. 이번 유학생의 밤에는 (   )와/과 재미있는 (   )도 많다고 합니다. 행사에 참여하기 위해서는 (   ), 행사장에 올 때 (   )도 가지고 와야 합니다. 또한 같이 오고 싶은 친구에게 (   )를 꼭 보내야 합니다.

2. 관련 어휘 확장하기

초대 : 생일, _____, _____, _____, _____, _____

3. 비슷한 글 읽어보기

• 다음은 한국에서 이사를 하면 하는 '집들이' 초대 문자입니다. 한국에서는 이사를 하거나 새로 집을 장만하면, 주변의 가까운 사람들을 초대해 식사를 하고 즐겁게 이야기를 나눕니다.

즐거운 주말입니다. 제가 이번에 결혼을 하면서 시내로 이사를 하게 되었어요. 한국에서는 이사를 하면 친한 친구들을 집으로 초대하는 문화가 있어요. 아직 집들이 문화에 대해서 잘 모르는 외국인 친구들을 이번 기회에 초대하고 싶어요. 준비한 음식은 많이 없지만 와서 맛있게 먹고, 한국의 집들이 문화를 체험했으면 좋겠어요. 식사 후에는 한국 영화도 한 편 같이 보려고 해요. 시간은 내일(일요일) 저녁 7시예요. 여유가 있으면 일찍 와도 괜찮아요. 그럼 내일 만나요.

※ 여러분 나라에서 한국의 집들이 문화와 비슷한 문화가 있다면 친구들과 함께 이야기해 봅시다.

_____

_____

_____

4. 표 내용 이해하기

• 다음의 표에 나온 내용을 보고 물음에 답해 보십시오.

종목	경기일	국가	경기 장소	경기 시간
컬링	2월 9일	대한민국 VS 노르웨이	강릉 컬링 센터	오전 8:35
컬링	2월 9일	중국 VS 캐나다	강릉 컬링 센터	오전 8:35
프리스타일 스키	2월 9일	여자 예선1	휘닉스 스노 경기장	오전 10:00
피겨 스케이팅	2월 9일	남자 쇼트 프로그램	강릉 아이스 아레나	오전 10:00

① 대한민국의 첫 번째 경기는 언제, 무슨 경기입니까?

② 중국의 컬링 상대 국가는 어디입니까?

③ 프리스타일 스키 예선은 어느 경기장에서 합니까?

④ 오전 8시 35분에는 어떤 종목의 경기를 볼 수 있습니까?

✅ 과제

1. 여러분이 이번 주에 생일이라고 가정하고, 친구에게 초대 문자를 보내 보십시오.

2. 우리 주변의 초대하는 글이나 그림을 찾아 아래에 적어 보십시오.

아래 게시물은 대학교의 '학생상담센터'에서 올린 게시물입니다. 이런 게시물이 또 있는지 주의 깊게 살펴보세요.

04

광고하는 글

[단원 목표]

우리 주변의 광고하는 글을 읽고 이해할 수 있다.

04 광고하는 글

✅ 주제에 대해 생각해 봅시다.

• 여러분도 이러한 광고 전단지를 본 적이 있나요?

①   ②

①번은 지역에서 흔히 볼 수 있는 생활정보지입니다. 여러분도 생활정보지를 통해 물건을 사거나 집을 알아본 경험이 있나요? 여러분 고향의 생활정보지는 어떻게 발행되나요?

②번은 대형 마트의 광고 전단지입니다. 마트에서 물건을 살 때 광고전단지를 보고 물건을 살 수도 있고, 집에서 미리 사고 싶은 물건을 생각해 볼 수도 있습니다. 여러분이 한국에서 본 광고 전단지에 대해 이야기해 보세요.

• 광고하는 글은 여러분이 한국에서 생활하면서 매일매일 보게 되는 글입니다. 물건을 사거나 팔 때 볼 수도 있고, 집을 이사할 때 보기도 합니다. 또 책을 사거나 영화를 볼 때도 광고글을 만날 수 있습니다.

☑ 본문 1

· 다음은 공기청정기에 대한 광고글입니다.

> KU 공기청정기
>
> 공기청정기의 새로운 모습! KU 공기청정기
>
> KU 공기청정기는 어느 방향에서나 나쁜 공기를 흡입하고 좋은 공기를 뱉어 공기를 깨끗하게 합니다. 미세먼지와 유해가스까지 한 번에 청정이 가능합니다.
>
> 게다가 아기의 생활공간에 맞춰 높이를 조절하고, 자동으로 공기의 상태를 점검합니다.
>
> 갑자기 안의 공기가 나빠지면 공기청정기가 스스로 작동합니다.
>
> 밖에 있을 때도 집안의 공기가 걱정이신가요?
>
> KU 공기청정기는 스마트폰으로 켜고 끌 수 있으며, 집안의 공기 상태도 알 수 있습니다.
>
> 또한 10년 무상보증으로 안심하고 오래오래 사용할 수 있습니다.
>
> 디자인이 고민이신가요?
>
> KU 공기청정기는 집안 어디에 두어도 어울리는 세련된 디자인입니다.
>
> 공기청정기 선택의 새로운 기준! KU 공기청정기 2019 출시

✔ 읽기 전 활동

1. 위와 같은 글의 목적은 무엇입니까?

2. 위 광고글에 제목을 붙여 보십시오.

3. 광고글에 있는 중요한 어휘를 찾아봅시다.

어휘	뜻	예문 만들기	비슷한 말, 반대말
흡입하다	기체나 액체를 빨아들이는 것.	불이 났을 때 연기를 흡입하면 위험합니다.	=빨아들이다, 마시다, 들이마시다
뱉다			
청정			
점검하다			
무상보증			
세련되다			
미세			
유해하다			

4. 본문을 다시 읽기 전에 아래의 질문을 생각해 봅시다.

광고글에서 중요하게 읽어야 하는 부분은 어디일까요?

KU 공기청정기

공기청정기의 새로운 모습! KU 공기청정기

KU 공기청정기는 어느 방향에서나 나쁜 공기를 흡입하고 좋은 공기를 뱉어 공기를 깨끗하게 합니다. 미세먼지와 유해가스까지 한 번에 청정이 가능합니다. 게다가 아기의 생활공간에 맞춰 높이를 조절하고, 자동으로 공기의 상태를 점검합니다. 갑자기 안의 공기가 나빠지면 공기청정기가 스스로 작동합니다. 밖에 있을 때도 집안의 공기가 걱정이신가요? KU 공기청정기는 스마트폰으로 켜고 끌 수 있으며, 집안의 공기 상태도 알 수 있습니다. 또한 10년 무상보증으로 안심하고 오래오래 사용할 수 있습니다. 디자인이 고민이신가요? KU 공기청정기는 집안 어디에 두어도 어울리는 세련된 디자인입니다. 공기청정기 선택의 새로운 기준! KU 공기청정기 2019 출시

1. 먼저 천천히 눈으로 본문을 다시 읽어 봅시다.

2. 여러분이 찾았던 어휘에 동그라미를 그리거나 밑줄을 그어 봅시다.

3. 본문에 나오는 '담화표지어'를 찾아봅시다.

담화표지어	담화표지어의 의미와 기능
게다가	

4. 빨리 읽고(skanning) 정보를 찾아봅시다.

① KU 공기청정기는 스마트폰과 연결이 될 수 있습니까?
② KU 공기청정기는 몇 년 동안 무료로 고칠 수 있습니까?
③ KU 공기청정기가 아기에게 좋은 점은 무엇입니까?
④ 집안의 공기가 갑자기 나빠지면 어떻게 됩니까?

1. 중심 생각 정리하고 요약하기

KU 공기청정기는 어느 방향에서나 공기를 ( ), ( )와 ( )도 한 번에 청정이 가능합니다. 아기에 맞춰 ( ) 조절이 가능하고, 공기가 좋지 않을 때는 ( ) 작동합니다. 스마트폰으로 외부에서도 작동이 ( ), 10년 동안에는 ( )이/가 가능합니다.

2. 관련 어휘 확장하기

공기 : 환기, _____, _____, _____, _____, _____

광고 : 마트 전단지, _____, _____, _____, _____, _____

3. 광고글 만들어보기

• 위 본문에 나온 광고글처럼 여러분도 짧은 광고글을 하나 만들어 보십시오.

상품 종류	치약
상품 이름	
상품 광고	

✅ 본문 2

• 다음은 세탁기에 대한 광고글입니다.

> **똑똑한 세탁기 KU 스마트 세탁기**
>
> KU 스마트 세탁기의 강력한 세탁기능을 만나보십시오.
>
> 그동안 사용했던 시끄러운 세탁기가 아닌 저소음 세탁이 가능합니다.
>
> 세탁을 할 때 전기료가 걱정되셨나요?
>
> 전기료 부담을 덜어주는 1등급 세탁기입니다.
>
> 어른 옷과 아이 옷을 따로 세탁하셨나요?
>
> KU 스마트 세탁기는 옷에 따라 세탁 방법을 자동으로 조절합니다.
>
> 뿐만 아니라 언제 어디서나 원격으로 세탁을 시작하고, 끝낼 수 있습니다.
>
> 비오는 날씨 때문에 말리는 것이 걱정되셨나요?
>
> KU 스마트 세탁기는 흔들어서 빨래를 말려주고, 온풍으로 건조하니까 비 오는 날에도 걱정이 없습니다.
>
> 망설이지 말고 바로 지금! KU 스마트 세탁기로 선택하십시오.

✔ 읽기 전 활동

1. 여러분이 생각하는 세탁기 광고에 꼭 들어가야 할 내용은 무엇입니까?

2. 광고글에 있는 중요한 어휘를 찾아봅시다.

어휘	뜻	예문 만들기	비슷한 말, 반대말
등급	높고 낮은 것을 구별하거나 좋거나 나쁜 것을 단계에 따라 구분하는 것	이 우유는 1등급 품질의 우유이다.	= 단계, 격
덜다(덜어주다)			
조절하다			
원격			

건조			
망설이다			

3. 본문을 다시 읽기 전에 아래의 질문을 생각해 봅시다.

> 이 글은 세탁기의 '무엇'에 대한 글일까요?

📍 읽기 활동

똑똑한 세탁기 KU 스마트 세탁기
KU 스마트 세탁기의 강력한 세탁기능을 만나보십시오. 그동안 사용했던 시끄러운 세탁기가 아닌 저소음 세탁이 가능합니다. 세탁을 할 때 전기료가 걱정되셨나요? 전기료 부담을 덜어주는 1등급 세탁기입니다. 어른 옷과 아이 옷을 따로 세탁하셨나요? KU 스마트 세탁기는 옷에 따라 세탁 방법을 자동으로 조절합니다. 뿐만 아니라 언제 어디서나 원격으로 세탁을 시작하고, 끝낼 수 있습니다. 비 오는 날씨 때문에 말리는 것이 걱정되셨나요? KU 스마트 세탁기는 흔들어서 빨래를 말려주고, 온풍으로 건조하니까 비 오는 날에도 걱정이 없습니다. 망설이지 말고 바로 지금! KU 스마트 세탁기로 선택하십시오.

1. 먼저 천천히 눈으로 본문을 다시 읽어 봅시다.

2. 여러분이 찾았던 어휘에 동그라미를 그리거나 밑줄을 그어 봅시다.

3. 본문에 나오는 '담화표지어'를 찾아봅시다.

담화표지어	담화표지어의 의미와 기능
뿐만 아니라	

4. **빨리 읽고(skanning) 정보를 찾아봅시다.**
   ① 이 세탁기는 빨래 후 건조를 할 수 있습니까?
   ② 이 세탁기는 집밖에서도 작동을 할 수 있습니까?
   ③ 이 세탁기의 전기 등급(에너지소비효율등급)은 몇 등급입니까?
   ④ 이 세탁기는 조용한 세탁이 가능합니까?

1. 중심 생각 정리하고 요약하기

KU 스마트 세탁기는 _____

2. 관련 어휘 확장하기

가전(가전제품) : 세탁기, _____, _____, _____, _____, _____

3. 비슷한 글 읽어보기

• 다음은 세탁기를 사용할 때 함께 넣는 세탁 용품 광고입니다.

TV 홈쇼핑 최초로 KU 세제 판매를 시작합니다. 이번 구성은 세탁 세제 2리터 세 통에 한 통을 더 드리는 구성입니다. 얼룩을 제거하고 옷의 색깔을 더 밝게 해주는 KU 세제는 빨래 후에는 옷을 더 부드럽게 해줍니다. 또한 세제 하나만 넣어도 상쾌한 향을 만나실 수 있습니다. 이번에 구매하시는 분들께는 겨울철 정전기를 막아줄 수 있는 KU 섬유유연제를 함께 드립니다. 49,900원에 KU 세제 네 통과 섬유유연제를 만날 수 있는 기회를 놓치지 마십시오. * 본 행사는 2월 1일부터 일주일 간 진행되며, 사은품은 조기에 품절될 수 있습니다. 환불은 2주일 안에 가능합니다. 단 사은품으로 인한 환불이나 반품은 소비자가 택배 비용을 부담하셔야 합니다.

4. 표 내용 이해하기

• 위에 나온 글의 내용을 보고 빈칸을 채워 넣으십시오.

제품명	
제품 가격	
제품 구성	
사은품	
행사 기간	
환불 기간	
주의 사항	

✅ 과제

1. 여러분이 최근에 구입한 스마트폰의 광고글을 찾아 읽어보고, 아래에 적어 보십시오.

2. 더 읽어보기 - 상품 구입 후 작성하는 상품평

디자인★★★★★   품질★★★★★   배송★★★★★   사용만족도★★★★★

정말 마음에 듭니다. 집에서 청소하기가 너무 편합니다. 일회용 청소포가 많이 들어있으면 더 좋을 것 같습니다. 대만족입니다.

디자인★★★★   품질★★★★★   배송★★★★★   사용만족도★★★★

배송은 정말 빠르네요! 어제 오후에 주문했는데 오늘 도착했어요. 쿠폰이랑 카드 할인까지 해서 정말 싸게 구입했어요. 그런데 생각만큼 디자인이 예쁘지는 않을 것 같아요. 청소는 잘 되는 것 같은데 소리가 좀 나는 것 같아요. 잘 쓰겠습니다.~~

05

요청하는 글

[단원 목표]
우리 주변의 요청하는 글을 읽고 이해할 수 있다.

✅ 주제에 대해 생각해 봅시다.

• 여러분도 이러한 신청서를 작성해 본 적이 있나요?

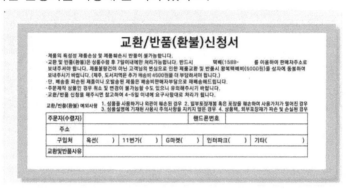

위 사진은 우리가 인터넷에서 물건을 구입한 후 교환을 하거나 환불을 받고 싶을 때 작성하는 교환 신청서입니다. 여러분 고향에서는 물건을 바꾸고 싶을 때 어떤 방법을 이용하고 있습니까?

이번 학기나 지난 학기 여러분도 '추가 수강신청서'를 작성한 적이 있습니까? 추가신청서를 작성할 때 무엇이 가장 중요할까요?

• 요청하는 글은 나의 의견을 적절히 표현하거나 상대방의 의견을 정확히 알기 위한 글입니다. 여러분이 식당을 예약하거나 추가 수강신청서를 작성하는 것도 요청하는 글이라고 할 수 있습니다. 요청하는 글을 읽을 때는 글을 쓴 사람의 목적과 이유를 분명히 이해하는 것이 중요합니다. 반대로 여러분이 요청하는 글을 작성할 때는 요청하는 목적과 이유를 정확하게 작성해야 합니다.

✅ 본문 1

· 다음은 물건을 교환하기 위한 반품신청서 내용입니다.

교환/반품 신청서

– 제품의 특성상 제품 박스를 훼손하면 반품이 불가합니다. (신발류)
– 교환 및 환불은 상품을 받은 후 7일 이내에만 처리가 가능합니다.
– 교환 및 반품은 지정된 택배 회사를 이용해야 합니다. (KU택배 1234-5678)
– 제품의 문제가 아니라 고객의 변심으로 인한 반품은 왕복 택배비를 고객이 부담해야 합니다. 왕복 택배비는 오천 원입니다.
– 배송 중 파손되거나 잘못 배송된 경우에는 판매자가 택배비를 부담합니다.
– 일부 제작을 하는 상품의 경우 교환이나 반품이 불가합니다.
– 교환/반품 신청서를 작성하여 물건과 반드시 함께 보내야 합니다.

주문자 성명	건우	휴대전화 번호	010-1234-5678
주소	대한민국 서울특별시 성동구 한국대학교		
구입한 곳(쇼핑몰 이름)	KU 쇼핑몰		
교환 반품 사유	안녕하세요? 얼마 전에 KU 쇼핑몰에서 운동화를 구입한 사람입니다. 운동화가 너무 예뻐서 지난주에 270mm로 구입했습니다. 그런데 화면으로 볼 때는 잘 몰랐는데 직접 신어보니 운동화가 너무 작습니다. 평소에 신던 운동화보다 작게 나온 것 같습니다. 죄송하지만 280mm로 교환을 하고 싶습니다. 왕복 택배비는 운동화와 함께 보내도록 하겠습니다.		

✔ **읽기 전 활동**

1. 위와 같은 글의 목적은 무엇입니까?

2. 여러분도 이러한 교환/반품 신청서를 작성해 본 경험이 있습니까?

3. 본문에 있는 중요한 어휘를 찾아봅시다.

어휘	뜻	예문 만들기	비슷한 말, 반대말
교환	물건을 서로 바꾸는 것. 물건을 서로 주고받는 것	얼마 전에 친구와 선물을 서로 교환했어요.	= 교체
반품			
환불			
훼손하다			
변심			
파손되다			
왕복			
이내			

4. 본문을 다시 읽기 전에 아래의 질문을 생각해 봅시다.

요청하는 글에서 가장 중요한 부분은 어디일까요?

교환/반품 신청서

- 제품의 특성상 제품 박스를 훼손하면 반품이 불가합니다. (신발류)
- 교환 및 환불은 상품을 받은 후 7일 이내에만 처리가 가능합니다.
- 교환 및 반품은 지정된 택배 회사를 이용해야 합니다. (KU택배 1234-5678)
- 제품의 문제가 아니라 고객의 변심으로 인한 반품은 왕복 택배비를 고객이 부담해야 합니다. 왕복 택배비는 오천 원입니다.
- 배송 중 파손되거나 잘못 배송된 경우에는 판매자가 택배비를 부담합니다.
- 일부 제작을 하는 상품의 경우 교환이나 반품이 불가합니다.
- 교환/반품 신청서를 작성하여 물건과 반드시 함께 보내야 합니다.

주문자 성명	건우	휴대전화 번호	010-1234-5678
주소	대한민국 서울특별시 성동구 한국대학교		
구입한 곳(쇼핑몰 이름)	KU 쇼핑몰		
교환 반품 사유	안녕하세요? 얼마 전에 KU 쇼핑몰에서 운동화를 구입한 사람입니다. 운동화가 너무 예뻐서 지난주에 270mm로 구입했습니다. <u>그런데</u> 화면으로 볼 때는 잘 몰랐는데 직접 신어보니 운동화가 너무 작습니다. 평소에 신던 운동화보다 작게 나온 것 같습니다. 죄송하지만 280mm로 교환을 하고 싶습니다. 왕복 택배비는 운동화와 함께 보내도록 하겠습니다.		

1. 먼저 천천히 눈으로 본문을 다시 읽어 봅시다.

2. 여러분이 찾았던 어휘에 동그라미를 그리거나 밑줄을 그어 봅시다.

3. 본문에 나오는 '담화표지어'를 찾아봅시다.

담화표지어	담화표지어의 의미와 기능
그런데	

4. 빨리 읽고(skanning) 정보를 찾아봅시다.

    ① 제품의 박스를 훼손해도 반품이 가능합니까?
    ② 판매자가 잘못 배송하면 택배비용은 누가 부담합니까?
    ③ 교환 및 반품은 아무 택배 회사나 이용해도 괜찮습니까?
    ④ 교환/반품 신청서는 작성한 후 어떻게 해야 합니까?
    ⑤ 고객의 변심으로 인한 왕복 택배비용은 얼마입니까?

✔ 읽기 후 활동

1. 중심 내용 찾아 쓰기

 ① 물건을 구입한 사람이 교환하고 싶은 이유는 무엇입니까?

② 물건을 구입한 사람은 어떤 상품으로 교환하고 싶습니까?

 ③ 물건을 교환하기 위해서 건우는 어떤 행동을 해야 합니까?

2. 관련 어휘 확장하기

쇼핑 : 인터넷, _____, _____, _____, _____, _____
택배 : 송알, _____, _____, _____, _____, _____

3. 여러분이 인터넷에서 구입한 옷에 대한 교환 신청서를 작성해 보십시오.

성명	
교환 품목	바지
주소	
휴대전화	
교환 이유	

✅ 본문 2

• 다음은 추가로 수강 신청을 하기 위해 필요한 추가 요청서입니다.

수강신청교과목 추가/정정 요청서

미디어커뮤니케이션 대학 커뮤니케이션문화 학부/전공(과)

2 학년 학번 : 180101   성명 : 왕신쯔 연락처 : 010-1234-5678

〈요청사유〉

안녕하세요? 교수님. 저는 커뮤니케이션문화학부 2학년 왕신쯔입니다. 다름이 아니라 지난 수강 신청 기간에 교수님 강의에 신청을 하지 못해서 추가 요청서를 작성하게 되었습니다. 교수님 강의를 꼭 듣고 싶었는데 신청 인원이 많아서 신청을 못했습니다. 선배들도 교수님 과목을 추천하고, 저도 꼭 듣고 싶습니다. 그리고 평소에 다른 사람들과 대화하는 것이 매우 중요하다고 생각했습니다. 이번 학기에 교수님 수업을 꼭 들을 수 있도록 추가 신청을 부탁드립니다. 감사합니다.

〈담당교강사별 정정교과목 신청 내역〉

과목번호	교과목명	학점	시간	비고 (추가 혹은 삭제 기재)
0001	대화의 기법	2	2	추가

본인은 위와 같이 수강교과목을 정정 신청하오니 승인하여 주시기 바랍니다.

2019 년 9월 9일

신청자 왕신쯔 (인)

고경민 교수님 귀하

※ 담당 교 · 강사께서는 해당 학생의 요청사유 심사 후 종합정보시스템(학사행정 – 수업 – 수강신청 – 수강신청/정정/철회)에서 해당 교과목의 추가 혹은 삭제처리를 완료해 주시기 바랍니다.

※ 20명 이하 강좌 추가신청은 제한됩니다.

※ 정정/추가 요청서 보관 기간: 성적처리 종료 시점까지 담당 교 · 강사 보관

※ 간혹 입력 실수로 수강신청이 되지 않는 경우가 발생하오니, 교 · 강사는 출석부, 학생은 본인 시간표를 반드시 확인하시기 바랍니다.

1. 추가 요청서와 정정 요청서는 무엇이 다를까요?

2. 본문에 있는 중요한 어휘를 찾아봅시다.

어휘	뜻	예문 만들기	비슷한 말, 반대말
요청/요청하다	필요한 일을 부탁하다. 어떤 일이나 행동을 청하다.	출입국 관리 사무소에 새로운 비자 발급을 요청했어요.	= 요구/요구하다
정정/정정하다			
추천/추천하다			
내역			
심사/심사하다			
제한/제한하다			
보관/보관하다			
종료/종료하다			
담당/담당하다			

3. 본문을 다시 읽기 전에 아래의 질문을 생각해 봅시다.

> 다른 사람에게 요청할 때 어떤 자세가 필요할까요?

• 요청을 하는 일은 부탁을 하는 일과 비슷합니다.

수강신청교과목 추가/정정 요청서

미디어커뮤니케이션 대학 커뮤니케이션문화 학부/전공(과)

2 학년   학번 : 180101   성명 : 왕신쯔   연락처 : 010-1234-5678

〈요청사유〉

안녕하세요? 교수님. 저는 커뮤니케이션문화학부 2학년 왕신쯔입니다. 다름이 아니라 지난 수강 신청 기간에 교수님 강의에 신청을 하지 못해서 추가 요청서를 작성하게 되었습니다. 교수님 강의를 꼭 듣고 싶었는데 신청 인원이 많아서 신청을 못했습니다. 선배들도 교수님 과목을 추천하고, 저도 꼭 듣고 싶습니다. 그리고 평소에 다른 사람들과 대화하는 것이 매우 중요하다고 생각했습니다. 이번 학기에 교수님 수업을 꼭 들을 수 있도록 추가 신청을 부탁드립니다. 감사합니다.

〈담당교강사별 정정교과목 신청 내역〉

과목번호	교과목명	학점	시간	비고 (추가 혹은 삭제 기재)
0001	대화의 기법	2	2	추가

본인은 위와 같이 수강교과목을 정정 신청하오니 승인하여 주시기 바랍니다.

2019   년   9월   9일

신청자   왕신쯔   (인)

고경민 교수님 귀하

※ 담당 교·강사께서는 해당 학생의 요청사유 심사 후 종합정보시스템(학사행정 – 수업 – 수강신청 – 수강신청/정정/철회)에서 해당 교과목의 추가 혹은 삭제처리를 완료해 주시기 바랍니다.

※ 20명 이하 강좌 추가신청은 제한됩니다.

※ 정정/추가 요청서 보관 기간: 성적처리 종료 시점까지 담당 교·강사 보관

※ 간혹 입력 실수로 수강신청이 되지 않는 경우가 발생하오니, 교·강사는 출석부, 학생은 본인 시간표를 반드시 확인하시기 바랍니다.

1. 먼저 천천히 눈으로 본문을 다시 읽어 봅시다.

2. 여러분이 찾았던 어휘에 동그라미를 그리거나 밑줄을 그어 봅시다.

3. 본문에 나오는 '담화표지어'를 찾아봅시다.

담화표지어	담화표지어의 의미와 기능
다름이 아니라	

4. 빨리 읽고(skanning) 정보를 찾아봅시다.

    ① 왕신쯔 학생은 왜 수강 신청을 못했습니까?
    ② 요청 사유의 마지막에는 어떤 말로 끝이 났습니까?
    ③ 왕신쯔 학생은 평소에 '대화'에 대해 어떻게 생각했습니까?
    ④ 정정/추가 신청서는 신청이 끝나고 누가 보관을 합니까?

✔ 읽기 후 활동

1. 중심 내용 다시 써 보기 – 추가 요청 사유를 여러분의 상황에 맞게 다시 써 보세요.

2. 관련 어휘 확장하기

시간표 : 강의, _____, _____, _____, _____, _____

3. 비슷한 글 써 보기

• 여러분이 갑자기 병원에 입원해서 학교에 가지 못했다고 가정하고, 공결 사유를 작성해 봅시다.
위의 글의 처음과 마지막, 그리고 사유를 적은 부분을 잘 읽고 써 보십시오.

✅ 과제

1. 더 읽어보기

수강신청(정정) 유의사항

• 수강제한과목

(1) 과목별로 수강인원을 제한하는 경우 수강신청 인원이 해당 제한인원을 초과하게 되면 수강이 불가능합니다.

(2) 수강신청기간 이후 수강신청인원이 과다한 과목은 '수강신청제한과목'으로 지정하여 수강정정 기간 중 신규 수강신청을 제한합니다.

(3) '수강제한과목' 목록은 수강신청 메뉴에서 확인하여야 합니다.

(4) 수강정정기간 중이라도 수강신청인원이 과다한 과목은 수시로 '제한과목'으로 지정될 수 있습니다.

(5) '수강신청제한교과목'은 제한된 인원수 내에서만 수강신청이 가능하며, 과목삭제 후 수강신청을 할 수 없게 될 수도 있으므로 유의하여야 합니다.

(6) 4학년 복학생일 경우라도 '수강신청제한과목'을 신규로 신청할 수는 없습니다.

2. 수강 추가/정정 요청서에서 과목을 삭제하고 싶다고 가정하고, 삭제하고 싶은 이유를 아래의 요청 사유서에 적어 보십시오.

정보를
전달하는 글

[단원 목표]
우리 주변의 정보를 전달하는 글을 읽고 이해할 수 있다.

✅ 주제에 대해 생각해 봅시다.

- 여러분도 책을 사기 전에 아래와 같은 리뷰(review) 글을 본 적이 있나요?

고양이 1 아이디: 새 봄/ 2018.10.12. / 추천: 20 / ★★★

지금까지 고양이에 대한 추억이 많지 않았습니다. 그냥 길에서 고양이를 지나가면서 보는 것이 전부였습니다. 그런데 책을 읽고 지나가는 고양이들을 보니까 약간은 다른 생각을 하게 되었습니다. 마치 책에서처럼 고양이들이 여러 가지 생각을 하고 있는 것 같기도 하고... 조금은 새롭게 고양이를 보게 되었습니다.

고양이 2 아이디: drewhoney / 2018.11.10. / 추천: 5 / ★★★★

고양이의 눈으로 바라본 인간의 모습은 어떨까? 베르나르 베르베르의 신작 고양이를 읽으면서 인간의 모습이 고양이의 눈으로 보면 참 재미있을 수 있다는 것을 알게 되었다. 그동안 인간은 우리가 지구의 중심이라고 생각하면서 살았는데... 고양이를 읽으면서 동물들의 눈으로 인간들이 어떻게 보이는지 조금은 생각할 수 있었다. 예전만큼 베르나르 베르베르의 이야기가 신선하지는 않지만 그래도 상상력은 충분히 자극이 되는 것 같다.

위 사진은 우리가 인터넷 서점을 통해 책을 구입할 때 볼 수 있는 리뷰(review)로 리뷰는 책을 읽거나 물건을 산 후에 적는 '후기'와 같은 말입니다. 여러분들이 물건을 구입할 때 이러한 후기가 도움이 되나요? 도움이 된다면 도움이 되는 이유를 이야기해 보세요.

- 정보를 전달하는 글에는 안내하는 글이나 광고하는 글 등 다양한 목적의 글이 포함될 수 있습니다. 우리가 영화를 보거나 책을 읽기 전에 다른 사람이 쓴 글을 읽는 것도 정보이고, 장소나 행사에 대한 안내, 물건에 대한 광고에도 정보가 담겨 있습니다. 정보를 전달하는 글을 읽을 때는 글에 담긴 정보를 정확하게 찾아내고, 내가 얻은 정보를 통해 무엇을 알 수 있는지 확인하는 일이 중요합니다.

✅ 본문 1

• 다음은 앞에서 배운 안내하는 글과 비슷한 내용의 글입니다. 두 가지의 서로 다른 내용의 글에서 어떤 정보를 얻을 수 있는지 읽어 보십시오.

1. 국립중앙도서관에 대한 안내글

국립중앙도서관은 1945년 개관하였습니다.

국내에서 발행된 출판물과 지식 정보를 수집하고 보존하는 일을 하는 곳입니다.

그리고 국립중앙도서관은 국가를 대표하는 도서관으로서 대한민국의 문화유산을 보존하고, 한국인의 지식정보 수준을 높이기 위해 노력할 것입니다.

2. 문화 센터의 수강 신청 안내글

인터넷으로 접수하신 경우에는 홈페이지 내 'MY 문화센터〉수강내역'에서 강의 시작 3일전까지 인터넷으로 직접 취소 가능합니다.

다수 강좌 신청 시 이미 수강한 강좌가 포함된 결제의 경우 해당 점 방문을 통해서만 취소가 가능합니다.

더불어 개강 당일에는 취소가 불가합니다. 강좌 개시 이후부터 본인 사유에 의한 취소 시에는 환불해드립니다.

✓ 읽기 전 활동

1. 위와 같은 글의 목적은 무엇입니까?

2. 여러분은 정보를 얻을 때 주로 어디에서 무엇을 통해 얻고 있습니까?

3. 본문에 있는 중요한 어휘를 찾아봅시다.

어휘	뜻	예문 만들기	비슷한 말, 반대말
개관, 개관하다	도서관이나 박물관 등의 기관을 만들고 처음 문을 여는 것	우리 학교 도서관은 1980년에 개관하였습니다.	= 문을 열다 ↔ 폐관
발행하다			
수집하다			
보존하다			
문화유산			
내역			
취소			
강좌			

4. 본문을 다시 읽기 전에 아래의 질문을 생각해 봅시다.

정보를 전달하는 글을 읽을 때 중요한 것이 무엇일까요?

1. 국립중앙도서관에 대한 안내글
국립중앙도서관은 1945년 개관하였습니다. 국내에서 발행된 출판물과 지식 정보를 수집하고 보존하는 일을 하는 곳입니다. 그리고 국립중앙도서관은 국가를 대표하는 도서관으로서 대한민국의 문화유산을 보존하고, 한국인의 지식정보 수준을 높이기 위해 노력할 것입니다.

2. 문화 센터의 수강 신청 안내글
인터넷으로 접수하신 경우에는 홈페이지 내 'MY 문화센터)수강내역'에서 강의 시작 3일전까지 인터넷으로 직접 취소 가능합니다. 다수 강좌 신청 시 이미 수강한 강좌가 포함된 결제의 경우 해당 점 방문을 통해서만 취소가 가능합니다. 더불어 개강 당일에는 취소가 불가합니다. 강좌 개시 이후부터 본인 사유에 의한 취소 시에는 환불해드립니다.

1. 먼저 천천히 눈으로 본문을 다시 읽어 봅시다.

2. 여러분이 찾았던 어휘에 동그라미를 그리거나 밑줄을 그어 봅시다.

3. 본문에 나오는 '담화표지어'를 찾아봅시다.

담화표지어	담화표지어의 의미와 기능
더불어	

4. 빨리 읽고(skanning) 정보를 찾아봅시다.
　① 국립중앙도서관은 언제 개관하였습니까?
　② 국립중앙도서관이 하는 일은 무엇입니까?
　③ 신청한 강의를 취소하려면 어디에서 할 수 있습니까?
　④ 여러 개의 강의를 신청했을 때 한 강좌를 취소하려면 어떻게 합니까?
　⑤ 개강 당일에 취소가 가능합니까?

1. 비슷한 글에서 정보 찾기 활동

> 세계무술축제는 세계에서 유일하게 유네스코(UNESCO)가 공식 후원하는 세계인의 무술축제로 2006년부터 이곳, 세계무술공원에서 열리고 있습니다.
>
> 세계무술공원에는 아름다운 풍경을 자랑하는 남한강 주변으로 산책로와 자전거도로가 개설되었으며, 공원의 정문 옆에는 푸른 잔디가 깔린 축구장이 있습니다.
>
> 또 공원 안에는 세계무술박물관과 야외공연장, 연못과 물레방아, 수석공원, 돌 미로원 등의 시설을 갖추고 있습니다.
>
> 앞으로 세계무술공원은 무술과 산업문화를 연계하여 대표적인 무술산업의 중심지로 발전할 것입니다.

① 세계무술축제는 언제 시작되었습니까?

② 세계무술축제가 열리는 곳은 어디입니까?

③ 세계무술공원 안에는 어떤 시설이 있습니까?

2. 관련 어휘 확장하기

> 개관 : 박물관, _____, _____, _____, _____, _____
>
> 접수 : 택배, _____, _____, _____, _____, _____

✅ 본문 2

- 다음은 광고하는 글과 요청하는 글에서 배웠던 글과 비슷한 내용의 글입니다. 광고글과 요청하는 글에 담긴 정보를 확인하며 읽어 보십시오.

1. 프라이팬의 광고글

여러분께 새로운 프라이팬 '요리조리'를 소개합니다. 2018년에 새로 출시된 '요리조리'는 다른 프라이팬에 비해 단단하고 가볍습니다.

또 금방 열을 전달하기 때문에 빠른 시간에 요리를 할 수 있습니다.

무거운 프라이팬을 사용해서 손목이 아프셨다면 '요리조리'를 사용해 보십시오.

가벼운 무게에 놀라게 되실 겁니다.

오래 사용해서 프라이팬이 더러워졌다면 '요리조리'를 사용해 보십시오.

세척이 쉽고 간편해서 놀라게 되실 겁니다.

바쁜 아침과 피곤한 저녁 '요리조리'로 쉽고 빨리 요리를 만들어 보십시오.

여러분의 생활이 달라집니다.

2. 식당 예약을 요청하는 글

나: 여보세요

식당: 안녕하세요 KU 레스토랑입니다.

나: 네 안녕하세요. 저..식당을 예약하고 싶은데요.

식당: 네 손님. 오늘은 이미 예약이 꽉 찼고, 내일부터 예약이 가능하십니다.

나: 그럼 내일 저녁에 예약할 수 있을까요?

식당: 네. 내일 몇 시로 예약을 도와드릴까요?

나: 내일 저녁 6시 30분에 세 사람 자리를 예약하고 싶어요.

식당: 네 알겠습니다. 3월 10일 6시 30분으로 세 분 예약되었습니다.

　　메뉴는 미리 고르시겠습니까?

나: 아니요. 내일 직접 가서 고를게요.

식당: 네 알겠습니다. 감사합니다.

나: 네 감사합니다.

1. 광고글과 요청하는 글에 담긴 정보는 어떤 차이가 있습니까?

2. 본문에 있는 중요한 어휘를 찾아봅시다.

어휘	뜻	예문 만들기	비슷한 말, 반대말
단단하다			
전달/전달하다			
세척/세척하다			
레스토랑			
메뉴			
고르다			

3. 본문을 다시 읽기 전에 아래의 질문을 생각해 봅시다.

> 정보를 얻고 나서 기억하기 위한 좋은 방법은 무엇일까요?

• 글을 읽으면서 메모하는 습관은 매우 중요합니다. 특히 중요한 정보는 잊어버리지 않도록 메모를 하거나 읽은 글에 표시(밑줄을 긋거나 동그라미, 별표)를 하는 것도 방법이 될 수 있습니다.

1. 프라이팬의 광고글

여러분께 새로운 프라이팬 '요리조리'를 소개합니다. 2018년에 새로 출시된 '요리조리'는 다른 프라이팬에 비해 단단하고 가볍습니다. 또 금방 열을 전달하기 때문에 빠른 시간에 요리를 할 수 있습니다. 무거운 프라이팬을 사용해서 손목이 아프셨다면 '요리조리'를 사용해 보십시오. 가벼운 무게에 놀라게 되실 겁니다. 오래 사용해서 프라이팬이 더러워졌다면 '요리조리'를 사용해 보십시오. 세척이 쉽고 간편해서 놀라게 되실 겁니다. 바쁜 아침과 피곤한 저녁 '요리조리'로 쉽고 빨리 요리를 만들어 보십시오. 여러분의 생활이 달라집니다.

2. 식당 예약을 요청하는 글

나: 여보세요

식당: 안녕하세요 KU 레스토랑입니다.

나: 네 안녕하세요. 저..식당을 예약하고 싶은데요.

식당: 네 손님. 오늘은 이미 예약이 꽉 찼고, 내일부터 예약이 가능하십니다.

나: 그럼 내일 저녁에 예약할 수 있을까요?

식당: 네. 내일 몇 시로 예약을 도와드릴까요?

나: 내일 저녁 6시 30분에 세 사람 자리를 예약하고 싶어요.

식당: 네 알겠습니다. 3월 10일 6시 30분으로 세 분 예약되었습니다. 메뉴는 미리 고르시겠습니까?

나: 아니요. 내일 직접 가서 고를게요.

식당: 네 알겠습니다. 감사합니다.

나: 네 감사합니다.

1. 먼저 천천히 눈으로 본문을 다시 읽어 봅시다.

2. 여러분이 찾았던 어휘에 동그라미를 그리거나 밑줄을 그어 봅시다.

3. 본문에 나오는 '담화표지어'를 찾아봅시다.

담화표지어	담화표지어의 의미와 기능
그럼	

4. 빨리 읽고(skanning) 정보를 찾아봅시다.

    ① 새로운 프라이팬의 이름은 무엇입니까?

    ② 새로운 프라이팬의 장점은 무엇입니까?

    ③ '나'는 식당 예약을 몇 시에 하고 싶습니까?

    ④ 식당 예약을 언제 하였습니까?

✓ 읽기 후 활동

1. 비슷한 글에서 정보 찾기 활동

> 문화체육관광부가 선정한 대한민국을 대표하는 문화관광축제인 2018 얼음나라 '화천산천어축제'에 여러분을 초대합니다. 2003년 1회를 시작으로 수많은 관광객들의 사랑으로 더욱 풍성하고 즐겁게 만들어지는 산천어축제는 매년 1백만 명 정도가 참가하는 규모로 개최됩니다. 빙판 위에서 즐기는 산천어 얼음낚시, 눈과 얼음 위에서 신나게 뛰고 달려 보는 눈썰매와 봅슬레이, 각양각색의 체험과 볼거리를 준비해 많은 관광객들에게 호평을 받았습니다. 강원도 화천을 찾아주시어 얼지 않은 인정과 녹지 않는 추억이 가득한 진정한 겨울을 함께 해주시길 바랍니다.

    ① 화천산천어축제가 시작된 때는 언제입니까?

    ② 화천산천어축제에는 매년 몇 명이 참가하고 있습니까?

    ③ 화천산천어축제에서 무엇을 할 수 있습니까?

2. 관련 어휘 확장하기

> 관광 : 불꽃, _____, _____, _____, _____, _____

3. 대화를 줄글로 바꿔보기

• 본문 2에 나온 대화를 여러분의 일기문으로 바꿔 써 보십시오.

나는 오늘 식당 예약을 위해 KU 레스토랑에 전화를 했다. _____
_____
_____
_____
_____
_____.

✅ 과제

1. 더 읽어보기

여러분이 강의에 빠지고 신청하는 공결증에도 반드시 '정보'가 들어 있어야 합니다. 아래 친구의 공결증 신청 내용을 잘 읽어 보십시오. 밑줄 친 부분을 잘 보십시오.

안녕하십니까 교수님. 저는 국제통상학과 4학년 후위저입니다. 지난 9월 18일 수업에 저희 학과에 학과 행사가 있었습니다. 제가 다른 중국 학생들의 통역 때문에 수업에 참여하지 못했습니다. 수업에 꼭 참여하고 싶었는데 학과의 중요한 행사라 어쩔 수 없었습니다. 학과에서 공결증을 받아 함께 제출하니 공결을 인정해주시길 부탁드립니다. 학과 행사 내용이 담긴 포스터도 함께 첨부하였습니다. 다음부터는 수업에 빠지는 일이 없을 것입니다. 감사합니다.

2. 여러분이 최근에 본 영화나 책의 정보를 아래에 적어 보십시오. 다른 사람들이 여러분이 작성한 글을 읽고, 영화나 책을 선택할 수 있으니 자세한 정보를 함께 적어 보십시오.

경험을 전달하는 글

I

[단원 목표]

경험을 전달하는 글을 읽고, 직접 쓸 수 있다.

✓ 주제에 대해 생각해 봅시다.

• 여러분도 아래와 같은 '이력서'를 작성해 본 적이 있나요?

1. 인적 사항

	성명(한자)	왕신(王新)	영문	Wang Shin
	생년월일	1992. 02. 04	나이	만 25세
	전화번호	070-123-4567	핸드폰	010-2345-6789
	E-mail	wang9024878@naver.com		
	주소	대한민국 서울특별시 120-1, 304호(한중 빌라)		

2. 학력 사항

재학 기간	학 교 명	학 과	성적 / 졸업 여부
2009. 9 - 2012. 8	북경외국어고등학교	한국어 전공	졸업
2014. 3 - 2018. 8	한국대학교	디자인 전공	3.3 / 졸업 예정

3. 경력 사항

기 간	회사명	관련 내용	비 고
2015. 3 - 2016. 2	빨리 번역 회사	번역	한중, 중한 번역
2016. 9 - 2017. 2	미래 무역 회사	인턴	업무 보조

4. 자격증 및 어학 사항

취득연월일	관련 내용	발 행 처
2011. 7. 7	PSC 1가	SLC
2012.11.10	TOPIK 3급	국립국제교육원
2015. 04. 05	TOEIC 800	ETS

위와 같은 글을 '이력서'라고 합니다. 이력서는 자신과 자신의 경험을 다른 사람에게 소개하는 글입니다. 한국에서는 아르바이트를 하거나 취업을 할 때 이력서를 꼭 작성해야 합니다. 여러분 고향에서는 여러분을 다른 사람에게 어떻게 소개합니까?

경험을 전달하는 글은 자기 자신의 경험, 느낌, 의견을 솔직하게 전달하는 것이 중요합니다. 여러분은 자기소개서, 문화 탐방글, 독서 감상문, 영화 감상문 등 자기가 보고 들은 것을 다른 사람에게 전달해야 할 때가 있습니다. 경험을 전달하는 글은 거짓 없이 솔직하게 자신을 표현하는 것이 중요한 글입니다. 솔직하게 글을 쓰는 일은 왜 중요할까요?

✅ 본문 1

• 다음은 여러분 친구가 쓴 자기소개서입니다.

> **내 성격의 장점**
> "누가 한 번 책을 읽어볼래?" "저요! 제가 하겠습니다!"
> 중국에서 초등학교를 다닐 때부터 저는 수업시간에 열심히 손을 드는 학생이었습니다.
> 선생님께서 해보라는 일은 무조건 손을 들고 적극적으로 행동했던 학생이었습니다.
> 이러한 저의 적극적인 성격은 무슨 일을 하든지 행동으로 실천하는 성격을 갖게 해주었습니다.
> 지금도 저는 다양한 활동을 하며 대학생활을 열심히 보내고 있습니다.
> 학과 공부도 열심히 하고, 동아리 활동도 적극적으로 참여하고 있습니다.
> 한국에 유학을 오게 되었을 때도 저는 제가 직접 한국의 학교들을 알아보았습니다.
> 또한 전공을 선택할 때도 먼저 학과 사무실에 가서 직접 전공에 대해 물어보았습니다.
> 이제 졸업을 하고, 취업을 해야 할 때도 제 성격은 저에게 큰 도움이 되고 있습니다.
> 말보다 행동을 중요하게 생각하고, 모든 일에 자신감을 갖는 것이 저의 장점입니다.
> 한국에서 새로운 출발을 준비하는 저에게 기회를 주시기를 부탁드립니다.

1. 위와 같은 글의 목적은 무엇입니까?

2. 자기소개서와 같은 글은 언제 작성합니까?

3. 본문에 있는 중요한 어휘를 찾아봅시다.

어휘	뜻	예문 만들기	비슷한 말, 반대말
무조건	아무 조건이 없는 것	친구가 이유를 듣지도 않고, 무조건 화를 냈다.	= 무작정 = 무턱대고
적극적			
실천/실천하다			
동아리			
학과, 전공			
자신감			
기회			

4. 본문을 다시 읽기 전에 아래의 질문을 생각해 봅시다.

자기소개서와 같은 글에서 가장 중요한 부분은 어디일까요?

내 성격의 장점

"누가 한 번 책을 읽어볼래?" "저요! 제가 하겠습니다!"

중국에서 초등학교를 다닐 때부터 저는 수업시간에 열심히 손을 드는 학생이었습니다. 선생님께서 해보라는 일은 무조건 손을 들고 적극적으로 행동했던 학생이었습니다. 이러한 저의 적극적인 성격은 무슨 일을 하든지 행동으로 실천하는 성격을 갖게 해주었습니다. 지금도 저는 다양한 활동을 하며 대학생활을 열심히 보내고 있습니다. 학과 공부도 열심히 하고, 동아리 활동도 적극적으로 참여하고 있습니다. 한국에 유학을 오게 되었을 때도 저는 제가 직접 한국의 학교들을 알아보았습니다. 또한 전공을 선택할 때도 먼저 학과 사무실에 가서 직접 전공에 대해 물어보았습니다. 이제 졸업을 하고, 취업을 해야 할 때도 제 성격은 저에게 큰 도움이 되고 있습니다. 말보다 행동을 중요하게 생각하고, 모든 일에 자신감을 갖는 것이 저의 장점입니다. 한국에서 새로운 출발을 준비하는 저에게 기회를 주시기를 부탁드립니다.

1. 먼저 천천히 눈으로 본문을 다시 읽어 봅시다.

2. 여러분이 찾았던 어휘에 동그라미를 그리거나 밑줄을 그어 봅시다.

3. 본문에 나오는 '담화표지어'를 찾아봅시다.

담화표지어	담화표지어의 의미와 기능
이러한	
또한	

4. 빨리 읽고(skanning) 정보를 찾아봅시다.

   ① 나는 초등학교 때 어떤 학생이었습니까?
   ② 적극적인 성격 때문에 좋은 점은 무엇입니까?
   ③ 한국에 유학을 올 때 내가 한 일은 무엇입니까?
   ④ 내 성격의 가장 큰 장점은 무엇입니까?

1. 중심 생각 정리하고 요약하기

저는 어렸을 때부터 (   ) 성격의 학생이었습니다. 항상 (   ) 실천하는 성격을 가진 저는 한국 유학과 전공 선택도 (   ) 알아보았습니다. 말보다 (   ) 중요하게 생각하고, 모든 일에 (   ) 갖는 것이 저의 (   )

2. 관련 어휘 확장하기

동아리 : 봉사, _____, _____, _____, _____, _____

유학 : 유학원, _____, _____, _____, _____, _____

3. 비슷한 글 읽어보기

• 다음은 자기 소개서를 작성하는 방법입니다.

학생들에게 자기소개서를 써오라고 하면 어떻게 써야 하는지 고민하는 사람들이 많다. 왜 그럴까? 이유는 목표가 정해지지 않았기 때문이다. 목표가 정해지면 그 회사나 대학원에 대한 다양한 정보를 수집하고, 준비해야 한다. 또한 20년이 넘는 이야기를 다 적을 수는 없다. 그 중 지원동기에 맞추어 내용을 선택해서 적어야 한다. 요즘 대학생들은 다양한 교육과 경험으로 많은 스펙을 쌓고 있다. 특히 자격증과 외국어 성적을 중요하게 생각한다. 하지만 대부분의 취업준비생들은 자기소개서의 중요성을 모른다. 다른 사람과 똑같이 쓰고, 떨어진 뒤에 중요성을 생각하게 된다. 그러면 자기소개서를 어떻게 작성해야 취업 및 진학에 성공할 수 있을까? 막상 컴퓨터 앞에 앉아 자기소개서를 쓰려면 어떻게 써야할지 막막하다. '지피지기(知彼知己) 백전백승(百戰百勝)'이라는 말이 있다. 고민하지 말고 회사나 대학원에 대한 다양한 정보를 다시 한 번 찾아보자. 회사나 대학원 정보를 알고 나를 알면 자기소개서 작성이 쉬워 질 것이다.

4. 위 글에서 자기소개서를 작성할 때 중요하다고 말한 것을 아래에 써 보십시오.

① 자기소개서 작성이 어려운 이유:

② 자기소개서를 작성할 때 먼저 할 일:

5. 자기 소개서 작성에 꼭 필요한 아래 내용을 직접 작성해 보십시오.

1) 실패한 경험

어떤 일이든 자신이 열정을 다해도 실패할 수 있다. 그러나 중요한 것은 실패를 통해 배울 점이 생긴다는 것이다. 이 일에 왜 도전하게 되었는지, 도전 후의 과정과 실패하게 된 이유를 써 보자. 실패한 경험에는 자신의 노력과 열정, 교훈 등이 담겨 있어야 한다.

- 대학 입시에 실패한 경험
- 자격증 시험에 떨어진 경험
- 외국어 공부에 실패한 경험

2) 문제 해결 경험

문제는 언제 어디서나 생기기 마련이다. 중요한 것은 이 문제를 어떻게 해결하고 극복하는가 하는 것이다. 어떤 문제에 직면했을 때 해결하는 방법은 사람마다 다르다. 자신에게 생긴 문제를 어떻게 해결했는지 성공적인 경험에 대해 써 보자.

- 다른 사람과의 의견 차이를 극복한 경험
- 팀플레이의 문제를 극복한 경험
- 학과나 동아리에서의 문제 해결 경험

3) 새로운 환경에 적응한 경험

여러분은 사막이나 무인도에서 혼자 살아남을 수 있는가. 회사에서는 적응력이 뛰어난 사람을 선호한다. 회사마다 문화가 다르고 조직의 문화는 지금까지 여러분이 지내왔던 환경과 크게 다를 것이다. 그래서 새로운 적응했던 경험은 취업에서 여러분에게 귀중한 경험이 될 수 있다.

- 낯선 한국 생활에 적응한 경험
- 외국인이 없는 학과에서 한국 친구들과 사귄 경험
- 아르바이트하는 곳에서 다른 직원들과 친해진 경험

✅ 과제

여러분이 직접 여러분의 이력서를 작성해 보십시오.

1. 인적 사항

	성명(한자)		영문	
예쁜 사진을 붙여 보세요.	생년월일		나이	
	전화번호		핸드폰	
	E-mail			
	주소			

2. 학력 사항

재학 기간	학교 명	학 과	성적 / 졸업 여부

3. 경력 사항

기 간	회사명	관련 내용	비 고

4. 자격증 및 어학 사항

취득연월일	관련 내용	발 행 처

08

경험을
전달하는 글
II

[단원 목표]
탐방글이나 학업 계획서와 같이
경험이 중요한 글을 이해할 수 있다.

✅ 주제에 대해 생각해 봅시다.

· 여러분도 어딘가를 다녀와서 다녀온 곳에 대해 자세하게 적어 본 적이 있습니까?

〈출처: 대한민국 구석구석 행복여행 – 한국관광공사 홈페이지〉

· 여러분은 한국 여행 중 어디가 가장 기억에 남습니까?

✅ 본문 1

• 다음은 산 정상을 다녀와서 적은 탐방 보고서입니다.

장　　소: 초례봉 (635.7m)

탐 방 일: 2018년 10월 3일

위　　치 : 대구시 동구 경산시 화양읍 와촌면 소재

탐방 시간: 5시간 20분

동 행 인 : 친구들

탐방 코스: 안심역 ⇨ 동내동 칠보사 ⇨ 주능선 삼거리 ⇨ 매여동삼거리 ⇨ 초례봉 ⇨ 매여동 삼
　　　　　 거리 ⇨ 매여동 버스 종점

　　　　　 11:00 출발(집)

　　　　　 11:20 안심역 도착(간단히 점심)

　　　　　 11:40 안심역에서 출발

　　　　　 12:10 칠보사 들머리

　　　　　 13:10 쉼터 (20분간 휴식)

　　　　　 14:40 주능선

　　　　　 15:50 초례봉 정상

　　　　　 16:20 하산

　　　　　 17:50 매여동 종점

초례봉에 들어가는 방법은 여러 가지가 있지만, 조용하게 숲을 즐기기 위해서 사람들이 주로 가지
않는 탐방로를 선택했다.

먼저 안심역에 도착해서 간단히 점심 식사를 했다.

안심역 1번 출구로 나와서 10m 정도만 가면 칠보사 표지판이 보인다.

갈림길에서 지시대로 왼쪽 골목을 따라 10분간 올라가면 칠보사가 나온다.

칠보사는 작은 절이고 나무 사이에 있어서 잘 봐야 한다.

칠보사를 오른쪽에 두고 길을 따라 올라가면 초례봉으로 들어가는 숲길이 나온다.

그 길을 따라 40분쯤 올라가면 쉼터가 나온다.

여기 앉아서 물 한잔 마시고 준비해온 과일을 먹으며, 땀을 식히고 난 후 다시 올라갔다.

20분간 휴식을 하고 다시 정상을 향해 올라갔다.

정상에 올라 30분 정도 경치를 감상하고 다시 내려왔다.

20분정도 내려오니 매여동 종점으로 내려가는 이정표가 나왔다.

5시가 지나니 산 너머로 해가 지는 것이 보였다.

이번 탐방에서 가장 좋았던 것은 올라가면서 친구와 함께 그동안 못 나눈 이야기를 나눈 것이다.

그리고 소나무 사이의 길을 걸으면서 좋은 공기도 마실 수 있었다.

1. 탐방 보고서는 무엇을 적는 글일까요?

2. 본문에 있는 중요한 어휘를 찾아봅시다.

어휘	뜻	예문 만들기	비슷한 말, 반대말
탐방	어떤 정보를 찾기 위해 사람이나 장소를 찾아가는 일	이번 방학에 한국에서 친구들과 문화 탐방을 할 것이다.	= 조사, 탐험
간단히 (간단하다)			
쉼터			
종점			
이정표(표지판)			
골목(골목길)			
갈림길			
정상			

3. 본문을 다시 읽기 전에 아래의 질문을 생각해 봅시다.

다른 글에는 없지만 탐방글에 꼭 들어가는 내용은 무엇일까요?

• 탐방글을 작성하면 자신의 경험을 다른 사람이 쉽게 이해할 수 있습니다. 또 탐방글을 보고 다른 사람이 좋은 정보를 얻을 수 있습니다.

장　　소: 초례봉 (635.7m)

탐　방　일: 2018년 10월 3일

위　　치 : 대구시 동구 경산시 화양읍 와촌면 소재

탐방 시간: 5시간 20분

동 행 인 : 친구들

탐방 코스: 안심역 ⇨ 동내동 칠보사 ⇨ 주능선 삼거리 ⇨ 매여동삼거리 ⇨ 초례봉 ⇨ 매여동 삼거

　　　　　 리 ⇨ 매여동 버스 종점

　　　　　 11:00 출발(집)

　　　　　 11:20 안심역 도착(간단히 점심)

　　　　　 11:40 안심역에서 출발

　　　　　 12:10 칠보사 들머리

　　　　　 13:10 쉼터 (20분간 휴식)

　　　　　 14:40 주능선

　　　　　 15:50 초례봉 정상

　　　　　 16:20 하산

　　　　　 17:50 매여동 종점

초례봉에 들어가는 방법은 여러 가지가 있지만, 조용하게 숲을 즐기기 위해서 사람들이 주로 가지 않는 탐방로를 선택했다. 먼저 안심역에 도착해서 간단히 점심 식사를 했다. 안심역 1번 출구로 나와서 10m 정도만 가면 칠보사 표지판이 보인다. 갈림길에서 지시대로 왼쪽 골목을 따라 10분간 올라가면 칠보사가 나온다. 칠보사는 작은 절이고 나무 사이에 있어서 잘 봐야 한다. 칠보사를 오른쪽에 두고 길을 따라 올라가면 초례봉으로 들어가는 숲길이 나온다. 그 길을 따라 40분쯤 올라가면 쉼터가 나온다. 여기 앉아서 물 한잔 마시고 준비해온 과일을 먹으며, 땀을 식히고 난 후 다시 올라갔다. 20분간 휴식을 하고 다시 정상을 향해 올라갔다. 정상에 올라 30분 정도 경치를 감상하고 다시 내려왔다. 20분정도 내려오니 매여동 종점으로 내려가는 이정표가 나왔다. 5시가 지나니 산 너머로 해가 지는 것이 보였다. 이번 탐방에서 가장 좋았던 것은 올라가면서 친구와 함께 그동안 못 나눈 이야기를 나눈 것이다. 그리고 소나무 사이의 길을 걸으면서 좋은 공기도 마실 수 있었다.

1. 먼저 천천히 눈으로 본문을 다시 읽어 봅시다.

2. 여러분이 찾았던 어휘에 동그라미를 그리거나 밑줄을 그어 봅시다.

3. 본문에 나오는 '담화표지어'를 찾아봅시다.

담화표지어	담화표지어의 의미와 기능
먼저	
그리고	

4. 탐방 코스를 다시 한 번 적어 보십시오.

5. 빨리 읽고(skanning) 정보를 찾아봅시다.
    ① 나는 초등학교 때 어떤 학생이었습니까?
    ② 적극적인 성격 때문에 좋은 점은 무엇입니까?
    ③ 한국에 유학을 올 때 내가 한 일은 무엇입니까?
    ④ 내 성격의 가장 큰 장점은 무엇입니까?

1. 탐방 순서를 정리해 봅시다.

안심역에서 10m 정도만 가면 (   ) 보임 → 갈림길을 따라 올라가면 (   ) 도착
→ 초례봉으로 들어가는 숲길을 따라 40분간 올라가면 (   ) 도착 → 정상에 올라 (   )
감상 → (   ) 내려와 매여동 이정표 도착 → (   ) 넘어 탐방 종료

3. 관련 어휘 확장하기

탐방 : 산책, _____, _____, _____, _____, _____

휴식 : 취미, _____, _____, _____, _____, _____

3. 표로 만들어 보기

• 본문에 소개했던 내용을 표로 만들어 봅시다.

장소		
탐방일		
위치		
탐방 시간		
동행인		
	장소	**시간**
탐방 코스		

✅ 본문 2

• 다음은 대학원에 진학할 때 작성하는 '학업계획서'입니다.

> **1. 관심 연구 분야 및 연구 목표**
>
> 1) 관심 분야 – 중국인 학습자 어휘 교육 (한국어 교육 전공)
>
> 저는 중국인 학습자들이 한국어 어휘를 공부할 때 어려워하는 '외래어'에 관심이 있습니다.
> 외래어를 바르게 적고, 바르게 말하는 것을 중국인 학습자의 처지에서 잘 가르치고 싶습니다.
> 그래서 전공 교과목 중 '한국어 어휘론' 수업이 가장 재미있습니다.
>
> 2) 목표 (디자인 전공)
>
> 저는 무한한 가능성을 가지고 성장하고 있는 중국시장에 관심이 많습니다. <u>그 때문에</u> 지난 겨울
> 에 중국으로 어학연수를 다녀온 적이 있었습니다. 당시 백화점과 시장을 수시로 돌아다니며 중
> 국 사람들이 많이 사는 물건과 좋아하는 것에 대해 살펴보기도 했습니다. 입학 후 단기적인 목표
> 는 중국어를 익혀 그들의 문화에 대해 먼저 공부하는 것입니다. <u>이후에는</u> 장기적으로 중국 시장
> 에 대한 빅 데이터를 이용해 현지에 맞는 상품이 무엇인지 연구하고, 이를 논문으로 작성하는 것
> 이 목표입니다.
>
> **2. 수학 후 장래 계획**
>
> 1) 지속적인 연구 활동 (의학공학 전공)
>
> 로봇 공학과 관련한 석사 과정을 취득한 후에는 국립 재활원 같은 연구소에서 연구를 하고 싶습
> 니다. 국립재활원은 국내 유일의 재활전문 국가 중앙 기관입니다.
> 여기서는 전문 재활의료 프로그램을 제공할 뿐만 아니라, 첨단 재활기술 연구도 하고 있습니다.
> 석사학위 취득 후, 위와 같은 연구소나 국가 기관에서 계속적으로 로봇 연구를 할 것입니다.

✔ 읽기 전 활동

1. 자기소개서와 학업 계획서는 무엇이 다를까요?

2. 학업 계획서와 같은 글의 목적은 무엇입니까?

3. 본문에 있는 중요한 어휘를 찾아봅시다.

어휘	뜻	예문 만들기	비슷한 말, 반대말
관심	어떤 것에 마음이 있는 것	어려운 이웃에게 관심을 갖아야 한다.	= 흥미 ↔ 무관심
무한하다			
어학 연수			
현지			
빅 데이터 (Big data)			
로봇(robot)			
연구소			
재활			
취득/취득하다			

4. 본문을 다시 읽기 전에 아래의 질문을 생각해 봅시다.

학업 계획서에 꼭 들어가야 하는 내용은 무엇일까요?

1. 관심 연구 분야 및 연구 목표

1) 관심 분야 – 중국인 학습자 어휘 교육 (한국어 교육 전공)

저는 중국인 학습자들이 한국어 어휘를 공부할 때 어려워하는 '외래어'에 관심이 있습니다. 외래어를 바르게 적고, 바르게 말하는 것을 중국인 학습자의 처지에서 잘 가르치고 싶습니다. 그래서 전공 교과목 중 '한국어 어휘론' 수업이 가장 재미있습니다.

2) 목표 (디자인 전공)

저는 무한한 가능성을 가지고 성장하고 있는 중국시장에 관심이 많습니다. 그 때문에 지난 겨울에 중국으로 어학연수를 다녀온 적이 있었습니다. 당시 백화점과 시장을 수시로 돌아다니며 중국 사람들이 많이 사는 물건과 좋아하는 것에 대해 살펴보기도 했습니다. 입학 후 단기적인 목표는 중국어를 익혀 그들의 문화에 대해 먼저 공부하는 것입니다. 이후에는 장기적으로 중국 시장에 대한 빅 데이터를 이용해 현지에 맞는 상품이 무엇인지 연구하고, 이를 논문으로 작성하는 것이 목표입니다.

2. 수학 후 장래 계획

1) 지속적인 연구 활동 (의학공학 전공)

로봇 공학과 관련한 석사 과정을 취득한 후에는 국립 재활원 같은 연구소에서 연구를 하고 싶습니다. 국립재활원은 국내 유일의 재활전문 국가 중앙 기관입니다. 여기서는 전문 재활의료 프로그램을 제공할 뿐만 아니라, 첨단 재활기술 연구도 하고 있습니다. 석사학위 취득 후, 위와 같은 연구소나 국가 기관에서 계속적으로 로봇 연구를 할 것입니다.

1. 먼저 천천히 눈으로 본문을 다시 읽어 봅시다.

2. 여러분이 찾았던 어휘에 동그라미를 그리거나 밑줄을 그어 봅시다.

3. 본문에 나오는 '담화표지어'를 찾아봅시다.

담화표지어	담화표지어의 의미와 기능
이후에는	
그 때문에	

4. 본문이 이해가 가지 않았다면 무엇이 어려워서 이해가 가지 않는지 생각해 봅시다.

5. 빨리 읽고(skanning) 정보를 찾아봅시다.

① 한국어 교육 전공 계획서에서 내가 관심 있는 것은 무엇입니까?

② 디자인 전공 계획서에서 나는 지난 겨울에 무엇을 했습니까?

③ 디자인 전공 계획서에서 장기적인 목표는 무엇입니까?

④ 의학공학 전공 계획서에서 나는 석사 취득 후 무엇을 하고 싶습니까?

⑤ 국립재활원은 무엇을 하는 곳입니까?

1. 중심 내용 다시 써 보기 – 본문에 나온 관심 분야를 여러분의 상황에서 다시 작성해 보십시오.

2. 관련 어휘 확장하기

석사 : 대학원, _____, _____, _____, _____, _____

문화 : 체험, _____, _____, _____, _____, _____,

3. 학업 계획서에 꼭 들어가는 학위논문계획서(연구계획서)는 어떤 순서로 작성해야 할까요? 잘 읽어 보세요.

1. 연구의 목적
    : 연구의 필요성, 연구의 목적, 선행연구 등
2. 연구방법 및 내용
    : 연구방법의 독창성 및 타당성, 중점 연구내용 등
3. 연구 계획
    : 기간별 연구계획(기간, 연구내용)
4. 참고문헌
    : 주자료, 단행본, 논문 및 평론 등

✅ 과제

1. 문화 체험기 작성하기 – 여러분이 언어 연수과정에서 갔던 문화 체험 장소나 최근
   친구들과 체험했던 곳이 있다면 아래의 내용을 적어 보세요.

장소		
탐방일		
체험 시간 (총 소요 시간)		
동행인		
체험 코스	장소	시간
소감 (느낀점)		

09

경험을
전달하는 글
III

[단원 목표]

영화를 보거나 책을 읽은 경험을 글로 전달하고,

이해할 수 있다.

09 경험을 전달하는 글Ⅲ

⊘ 주제에 대해 생각해 봅시다.

• 여러분도 아래와 같은 리뷰(후기)를 본 적이 있나요?

> 정말 재미없는 영화 dre**** / 2019.1.21. / 추천 30
> 도대체 갑자기 주인공이 왜 죽는지 알 수가 없다. 재미있게 보다가 주인공이 죽는 바람에 보고 싶은 마음이 사라졌다. 감독은 무슨 생각으로 주인공을 죽게 만든 것인지... 지금까지 나왔던 다른 시리즈보다 볼거리는 많아졌지만 스토리는 가장 별로이다. 사회적 메시지를 담아보려고 노력한 것 같은데 솔직히 잘 느껴지지 않는다.

> 신선한 충격~ 한국 사람들은 왜 그럴까 klaf** / 2019.2.10. ★★★★★
> 친구가 선물해준 "어쩌다 어른"을 읽고 많은 생각을 하게 되었어요. 그동안 한국 사람들의 심리가 궁금했었는데 이 책을 읽고 한국 사람들에 대해 조금 더 알게 되었어요. 한국에서 공부한 지가 벌써 4년이 지났는데 아직도 한국 사람들에 대해서 모를 때가 많아요. 책 전부를 이해한 것은 아니지만 저 같은 외국 사람들이 읽으면 참 도움이 많이 되는 책이라고 생각해요

• 1번은 포털 사이트에 실린 영화에 대한 리뷰(review)입니다. 여러분도 영화를 보기 전에 이러한 리뷰를 확인하는 편입니까? 영화를 선택하는 데 어떤 영향이 있습니까?

• 2번은 책을 사서 읽은 사람이 그 책에 대해 소개한 글입니다. 이러한 글을 읽는 것과 읽지 않고 사는 것에는 어떤 차이가 있을까요?

✅ 본문 1

• 다음은 여러분의 한국 친구가 작성한 영화 감상문입니다.

> 영화 〈언어의 정원〉은 '비 오는 날의 정원'을 소재로 남녀의 사랑을 다룬 영화이다.
>
> 나는 이 영화를 친구의 추천으로 보게 되었다.
>
> 이 영화의 주인공인 16살 소년은, 비 오는 날마다 학교 수업을 가지 않고 오두막으로 향한다.
>
> 거기서 소년은 어느 여인을 만난다.
>
> 두 사람은 비 오는 날 아침이면 정원을 갔고, 서로에 대해 알아가게 되었다.
>
> 소년은 어렸을 때부터 자신의 꿈이 있었고, 꿈을 위해 열심히 노력하였다.
>
> 여인은 원래 선생님이었지만 좋지 않은 일이 생겨 학교에 가지 못하게 된다.
>
> 서로를 알아가는 과정에서 두 사람은 서로를 좋아하게 된다.
>
> 이 영화를 보면서 가장 인상 깊었던 것은 아름다운 영상이었다.
>
> 비 오는 날의 일본 풍경을 아름답게 보여주고 있다.
>
> 그리고 비오는 풍경에 어울리는 배경음악도 적절히 사용되었다.
>
> 또한 자신의 꿈을 이루기 위해 노력하는 모습을 보여주면서 교훈적인 내용도 담겨 있다.
>
> 하지만 부족한 점도 찾아볼 수 있었다.
>
> 영화의 상영시간이 짧아서 그런지 자세한 내용을 알 수 없고, 결말에서 무엇을 말하는지 정확히 알 수 없었다.
>
> 영화 '언어의 정원'은 남녀 간의 사랑을 주제로 다룬 영화이다.
>
> 그리고 개인의 성장과정을 보여주면서 자신의 꿈을 위해 노력해야 한다는 주제 또한 담겨 있다.
>
> '언어의 정원'은 단순히 남녀 간의 사랑을 다룬 영화, 영상을 아름답게 꾸민 영화로 볼 수 있겠지만, 좀 더 깊게 생각해본다면 교훈적인 주제가 담겨있는 영화라고 볼 수 있다.

✔ 읽기 전 활동

1. 위와 같은 글의 목적은 무엇입니까?

2. 영화 감상문이나 독서 감상문의 가장 앞에는 어떤 내용들이 들어갈까요?

3. 본문에 있는 중요한 어휘를 찾아봅시다.

어휘	뜻	예문 만들기	비슷한 말, 반대말
소재	어떤 것을 만드는 재료	그 책은 유학생을 소재로 쓴 책이다.	= 재료
다루다			
추천			
알아가다			
풍경			
배경 음악			
상영 시간			
교훈(적)			
성장			

4. 본문을 다시 읽기 전에 아래의 질문을 생각해 봅시다.

감상문을 쓰는 이유는 무엇일까요?

영화 〈언어의 정원〉은 '비 오는 날의 정원'을 소재로 남녀의 사랑을 다룬 영화이다. 나는 이 영화를 친구의 추천으로 보게 되었다. 이 영화의 주인공인 16살 소년은, 비 오는 날마다 학교 수업을 가지 않고 오두막으로 향한다. 거기서 소년은 어느 여인을 만난다. 두 사람은 비 오는 날 아침이면 정원을 갔고, 서로에 대해 알아가게 되었다. 소년은 어렸을 때부터 자신의 꿈이 있었고, 꿈을 위해 열심히 노력하였다. 여인은 원래 선생님이었지만 좋지 않은 일이 생겨 학교에 가지 못하게 된다. 서로를 알아가는 과정에서 두 사람은 서로를 좋아하게 된다.

이 영화를 보면서 가장 인상 깊었던 것은 아름다운 영상이었다. 비 오는 날의 일본 풍경을 아름답게 보여주고 있다. 그리고 비오는 풍경에 어울리는 배경음악도 적절히 사용되었다. 또한 자신의 꿈을 이루기 위해 노력하는 모습을 보여주면서 교훈적인 내용도 담겨 있다. 하지만 부족한 점도 찾아볼 수 있었다. 영화의 상영시간이 짧아서 그런지 자세한 내용을 알 수 없고, 결말에서 무엇을 말하는지 정확히 알 수 없었다. 영화 '언어의 정원'은 남녀 간의 사랑을 주제로 다룬 영화이다. 그리고 개인의 성장과정을 보여주면서 자신의 꿈을 위해 노력해야 한다는 주제 또한 담겨 있다. '언어의 정원'은 단순히 남녀 간의 사랑을 다룬 영화, 영상을 아름답게 꾸민 영화로 볼 수 있겠지만, 좀 더 깊게 생각해본다면 교훈적인 주제가 담겨있는 영화라고 볼 수 있다.

1. 먼저 천천히 눈으로 본문을 다시 읽어 봅시다.

2. 여러분이 찾았던 어휘에 동그라미를 그리거나 밑줄을 그어 봅시다.

3. 본문에 나오는 '담화표지어'를 찾아봅시다.

담화표지어	담화표지어의 의미와 기능
그리고	
또한	
하지만	

4. 빨리 읽고(skanning) 정보를 찾아봅시다.

① 영화 〈언어의 정원〉의 소재는 무엇입니까?
② 영화의 주인공은 비 오는 날 어디에 갑니까?
③ 여인의 원래 직업은 무엇입니까?
④ 이 영화를 보면서 인상 깊었던 점은 무엇입니까?
⑤ 이 영화가 교훈적인 이유는 무엇입니까?

5. 중요한 정보를 찾아서 써 봅시다.

① 이 영화를 보게 된 이유는 무엇입니까?

② 이 영화의 중심 내용은 무엇입니까?

③ 이 영화에서 아쉬운 점은 무엇입니까?

1. 소리 내서 텍스트 다시 읽기 – 띄어쓰기를 잘 보면서 읽어 보십시오.

영화 〈언어의 정원〉은 '비 오는 날의 정원'을 소재로 남녀의 사랑을 다룬 영화이다. 나는 이 영화를 친구의 추천으로 보게 되었다. 이 영화의 주인공인 16살 소년은, 비 오는 날마다 학교 수업을 가지 않고 오두막으로 향한다. 거기서 소년은 어느 여인을 만난다. 두 사람은 비 오는 날 아침이면 정원을 갔고, 서로에 대해 알아가게 되었다. 소년은 어렸을 때부터 자신의 꿈이 있었고, 꿈을 위해 열심히 노력하였다. 여인은 원래 선생님이었지만 좋지 않은 일이 생겨 학교에 가지 못하게 된다. 서로를 알아가는 과정에서 두 사람은 서로를 좋아하게 된다.

이 영화를 보면서 가장 인상 깊었던 것은 아름다운 영상이었다. 비 오는 날의 일본 풍경을 아름답게 보여주고 있다. 그리고 비오는 풍경에 어울리는 배경음악도 적절히 사용되었다. 또한 자신의 꿈을 이루기 위해 노력하는 모습을 보여주면서 교훈적인 내용도 담겨 있다. 하지만 부족한 점도 찾아볼 수 있었다. 영화의 상영시간이 짧아서 그런지 자세한 내용을 알 수 없고, 결말에서 무엇을 말하는지 정확히 알 수 없었다. 영화 '언어의 정원'은 남녀 간의 사랑을 주제로 다룬 영화이다. 그리고 개인의 성장 과정을 보여주면서 자신의 꿈을 위해 노력해야 한다는 주제 또한 담겨 있다. '언어의 정원'은 단순히 남녀 간의 사랑을 다룬 영화, 영상을 아름답게 꾸민 영화로 볼 수 있겠지만, 좀 더 깊게 생각해 본다면 교훈적인 주제가 담겨있는 영화라고 볼 수 있다.

2. 여러분이 영화를 감상할 때 중요하게 생각하는 것을 적어 봅시다.

3. 관련 어휘 확장하기

영화 : 극장, _____, _____, _____, _____, _____, _____, _____

꿈 : 장래희망, _____, _____, _____, _____, _____, _____.

✅ 본문 2

・다음은 영화를 본 후 작성한 영화 리뷰(후기)입니다.

추석 연휴면 한국 극장에서는 가족과 함께 볼 수 있는 영화들이 개봉을 한다.

나도 연휴에 친구들을 만나 이번에 새로 개봉한 한국 영화를 관람했다.

어느덧 세 번째 영화로 찾아온 한국 명탐정 시리즈는 1편과 2편을 재미있게 본 영화이다.

특히 영화를 만든 감독과 배우의 호흡이 잘 맞는 영화이다.

이번이 세 번째 영화여서 그런지 배우들의 연기에도 안정감이 많이 느껴졌다.

추리를 바탕으로 과거의 모습과 현대의 모습이 조화를 잘 이룬다.

특히 두 배우의 연기가 아주 좋다.

추리 영화라기보다는 코미디 영화라고 보는 것이 맞을 것 같다.

1편과 2편에서는 신기한 장치도 많이 보여주었는데 3편에서는 그런 장치는 보이지 않는다.

하지만 3편에서는 배우들의 코미디 연기가 더 많아지고, 재미있어졌다.

상영시간도 길어서 충분히 이야기를 잘 전달한 것 같다.

하지만 영화의 줄거리를 너무 쉽게 추측할 수 있어서 아쉬웠고, 마지막 장면이 전체의 내용과 잘 어울리지 않아서 조금 실망했다.

혼자 보는 것보다는 친구들과 함께 본다면 더 재미있게 영화를 볼 수 있을 것이다.

✔ 읽기 전 활동

1. 위와 같은 글의 목적은 무엇입니까?

2. 영화 감상문의 가장 뒤에는 어떤 내용이 들어가면 좋을까요?

3. 본문에 있는 중요한 어휘를 찾아봅시다.

어휘	뜻	예문 만들기	비슷한 말, 반대말
연휴	쉬는 날(휴일)이 며칠 동안 계속되는 것	이번 연휴에는 제주도를 다녀오려고 합니다.	
개봉/개봉하다			
관람/관람하다			
호흡/호흡하다			
안정감			
추리			
코미디			
아쉽다			
실망/실망하다			

4. 본문을 다시 읽기 전에 아래의 질문을 생각해 봅시다.

감상문을 쓰면 어떤 점이 도움이 될까요?

추석 연휴면 한국 극장에서는 가족과 함께 볼 수 있는 영화들이 개봉을 한다. 나도 연휴에 친구들을 만나 이번에 새로 개봉한 한국 영화를 관람했다. 어느덧 세 번째 영화로 찾아온 한국 명탐정 시리즈는 1편과 2편을 재미있게 본 영화이다. 특히 영화를 만든 감독과 배우의 호흡이 잘 맞는 영화이다. 이번이 세 번째 영화여서 그런지 배우들의 연기에도 안정감이 많이 느껴졌다. 추리를 바탕으로 과거의 모습과 현대의 모습이 조화를 잘 이룬다. 특히 두 배우의 연기가 아주 좋다. 추리 영화라기보다는 코미디 영화라고 보는 것이 맞을 것 같다. 1편과 2편에서는 신기한 장치도 많이 보여주었는데 3편에서는 그런 장치는 보이지 않는다. 하지만 3편에서는 배우들의 코미디 연기가 더 많아지고, 재미있어졌다. 상영시간도 길어서 충분히 이야기를 잘 전달한 것 같다. 하지만 영화의 줄거리를 너무 쉽게 추측할 수 있어서 아쉬웠고, 마지막 장면이 전체의 내용과 잘 어울리지 않아서 조금 실망했다. 혼자 보는 것보다는 친구들과 함께 본다면 더 재미있게 영화를 볼 수 있을 것이다.

1. 먼저 천천히 눈으로 본문을 다시 읽어 봅시다.

2. 여러분이 찾았던 어휘에 동그라미를 그리거나 밑줄을 그어 봅시다.

3. 본문에 나오는 '담화표지어'를 찾아봅시다.

담화표지어	담화표지어의 의미와 기능
특히	
하지만	

4. 빨리 읽고(skanning) 정보를 찾아봅시다.
   ① 이번에 관람한 영화는 영화의 몇 번째 영화(시리즈)입니까?
   ② 이번 영화에서 배우들의 연기가 어땠습니까?
   ③ 이 영화는 어떤 종류(장르)의 영화입니까?
   ④ 이 영화의 상영시간은 어떻습니까?

5. 중심 내용 찾아 쓰기

① 이 영화의 1편과 2편이 이번에 본 3편과 다른 점은 무엇입니까?

② 이 영화의 장점은 무엇입니까?

③ 이 영화에서 아쉬운 점은 무엇입니까?

✔ 읽기 후 활동

1. 중심 내용 찾아보기 - 위에서 찾아 쓴 중요한 내용에는 밑줄을 긋고 그렇지 않은 내용은 지워보세요.

추석 연휴면 한국 극장에서는 가족과 함께 볼 수 있는 영화들이 개봉을 한다. 나도 연휴에 친구들을 만나 이번에 새로 개봉한 한국 영화를 관람했다. 어느덧 세 번째 영화로 찾아온 한국 명탐정 시리즈는 1편과 2편을 재미있게 본 영화이다. 특히 영화를 만든 감독과 배우의 호흡이 잘 맞는 영화이다. 이번이 세 번째 영화여서 그런지 배우들의 연기에도 안정감이 많이 느껴졌다. 추리를 바탕으로 과거의 모습과 현대의 모습이 조화를 잘 이룬다. 특히 두 배우의 연기가 아주 좋다. 추리 영화라기보다는 코미디 영화라고 보는 것이 맞을 것 같다.
1편과 2편에서는 신기한 장치도 많이 보여주었는데 3편에서는 그런 장치는 보이지 않는다. 하지만 3편에서는 배우들의 코미디 연기가 더 많아지고, 재미있어졌다. 상영시간도 길어서 충분히 이야기를 잘 전달한 것 같다. 하지만 영화의 줄거리를 너무 쉽게 추측할 수 있어서 아쉬웠고, 마지막 장면이 전체의 내용과 잘 어울리지 않아서 조금 실망했다. 혼자 보는 것보다는 친구들과 함께 본다면 더 재미있게 영화를 볼 수 있을 것이다.

2. 중심 생각 요약하기

• '읽기 활동' 5번에서 찾은 중심 내용을 연결해서 써 보십시오.

3. 관련 어휘 확장하기

가족 : 외식, _____, _____, _____, _____, _____

친구 : 여자 친구, _____, _____, _____, _____, _____

✅ 과제

1. 여러분이 최근에 본 영화나 드라마, 책 중 하나를 다른 친구에게 소개해 보십시오.

사실적인 글

I

[단원 목표]

신문이나 뉴스의 기사와 같은 사실적인 글을 이해할 수 있다.

✅ 주제에 대해 생각해 봅시다.

• 여러분은 뉴스를 어떤 매체를 통해 보고 있습니까?

NewDaily	노컷뉴스	연합뉴스TV	동아일보	일간스포츠	석간 문화일보
데일리안	헤럴드경제	매일경제	한국경제	조선일보	sportalkorea
스틸앤메탈뉴스	MoneyS	metro	한국금융	코메디닷컴	충청투데이

( )

• 뉴스는 사람들에게 정보를 전달하는 대표적인 방법 중 하나입니다. 사람들에게 전달할 때 어떻게 전달되는지가 매우 중요합니다. 한국에서는 저녁 8시나 9시에 텔레비전을 통해 뉴스 프로그램이 방송되기도 하고, 아침이나 저녁 신문을 통해 뉴스를 보기도 합니다. 또한 인터넷의 발달로 스마트폰이나 컴퓨터를 통해 자신이 보고 싶거나 관심이 있는 뉴스를 접하기도 합니다.

• 여러분이 뉴스를 보거나 기사를 읽을 때 가장 중요하게 생각하는 것은 무엇입니까?

✅ 본문 1

• 다음은 한국의 독서량에 대한 신문 기사입니다.

문화체육관광부, 2017 국민 독서 현황 조사

(제목   )

* 독서율 = 1년 동안 책을 1권 이상 읽은 사람의 비율

대한민국의 성인 10명 가운데 4명은 1년에 1권 이하의 책을 읽는 것으로 조사되었다.

지난 달 문화체육관광부는 '2017 국민 독서 실태조사' 결과를 발표하며, 성인과 학생의 '독서량'을 공개했다.

조사 결과에 따르면 한국 성인의 연간 독서율은 59.9%이며, 40%가 넘는 성인이 지난해 1권의 책도 읽지 않은 것으로 나타났다.

조사 결과는 지난 2015년보다 5.4% 감소한 것이다.

반면에 학생의 연간 독서율은 91.7%로 나타났다.

성인에 비해 높은 비율이지만 2015년 조사보다는 3.2% 줄었다.

세부적으로는 초등학생의 독서율이 96.8%로 가장 높았고, 중학생 92.5%, 고등학생 87.2%로 나타났다.

대한민국 전체의 독서 인구는 줄었지만, 책 읽는 사람들의 독서량은 비슷했다.

전체 성인들의 종이책 독서량은 평균 8.3권으로 2015년(9.1권)보다 줄었지만, 독서 인구를 대상으로 조사한 독서량은 2015년(14.0권)과 비슷한 13.8권으로 나타났다.

학생의 독서량은 평균 28.6권으로 조사되었으며, 이 중 초등학생(67.1권)의 독서량이 가장 많다.

이밖에 종이책의 독서율과 독서량은 줄었지만 전자책 독서율은 오히려 높아졌다.

전자책 독서율은 성인 14.1%, 학생 29.8%로 2015년에 비해 성인이 3.9%, 학생이 2.7% 증가했다.

평소 책 읽기를 가장 어렵게 한 이유로는 성인과 학생 모두 '시간 부족'을 답했다. 성인의 경우 '일 때문에 시간이 부족하다'(32.2%)는 대답이 가장 많았다.

학생들도 '학교나 학원 때문에 시간이 부족하다'(29.1%)고 답한 것이 가장 많았다.

✔ 읽기 전 활동

1. 위와 같은 글의 목적은 무엇입니까?

2. 위 글의 제목을 만들어 보십시오.

3. 본문에 있는 중요한 어휘를 찾아봅시다.

어휘	뜻	예문 만들기	비슷한 말, 반대말
현황	지금의 상황, 지금 모습	뉴스에 지진 피해 현황이 보도되었다.	= 상황
비율			
감소/감소하다			
나타나다			
비슷하다			
오히려			
공개/공개하다			
평소			
답하다			

4. 본문을 다시 읽기 전에 아래의 질문을 생각해 봅시다.

뉴스와 같은 사실적인 글에서 가장 중요한 점은 무엇일까요?

5. 여러분이 최근에 듣거나 읽은 신문 기사나 뉴스는 어떤 내용의 뉴스입니까?

문화체육관광부, 2017 국민 독서 현황 조사

(한국의 성인 독서율 역대 최저, 학생 독서율은 증가해....)

* 독서율 = 1년 동안 책을 1권 이상 읽은 사람의 비율

대한민국의 성인 10명 가운데 4명은 1년에 1권 이하의 책을 읽는 것으로 조사되었다. 지난 달 문화체육관광부는 '2017 국민 독서 실태조사' 결과를 발표하며, 성인과 학생의 '독서량'을 공개했다. 조사 결과에 따르면 한국 성인의 연간 독서율은 59.9%이며, 40%가 넘는 성인이 지난해 1권의 책도 읽지 않은 것으로 나타났다. 조사 결과는 지난 2015년보다 5.4% 감소한 것이다. 반면에 학생의 연간 독서율은 91.7%로 나타났다. 성인에 비해 높은 비율이지만 2015년 조사보다는 3.2% 줄었다. 세부적으로는 초등학생의 독서율이 96.8%로 가장 높았고, 중학생 92.5%, 고등학생 87.2%로 나타났다. 대한민국 전체의 독서 인구는 줄었지만, 책 읽는 사람들의 독서량은 비슷했다. 전체 성인들의 종이책 독서량은 평균 8.3권으로 2015년(9.1권)보다 줄었지만, 독서 인구를 대상으로 조사한 독서량은 2015년(14.0권)과 비슷한 13.8권으로 나타났다. 학생의 독서량은 평균 28.6권으로 조사되었으며, 이중 초등학생(67.1권)의 독서량이 가장 많다. 이밖에 종이책의 독서율과 독서량은 줄었지만 전자책 독서율은 오히려 높아졌다.

전자책 독서율은 성인 14.1%, 학생 29.8%로 2015년에 비해 성인이 3.9%, 학생이 2.7% 증가했다. 평소 책 읽기를 가장 어렵게 한 이유로는 성인과 학생 모두 '시간 부족'을 답했다. 성인의 경우 '일 때문에 시간이 부족하다'(32.2%)는 대답이 가장 많았다. 학생들도 '학교나 학원 때문에 시간이 부족하다'(29.1%)고 답한 것이 가장 많았다.

1. 먼저 천천히 눈으로 본문을 다시 읽어 봅시다.

2. 여러분이 찾았던 어휘에 동그라미를 그리거나 밑줄을 그어 봅시다.

3. 본문에 나오는 '담화표지어'를 찾아봅시다.

담화표지어	담화표지어의 의미와 기능
반면에	
이밖에	

4. 중요한 정보를 찾아 (   )안에 알맞은 내용을 쓰십시오.

- 독서율이란?
  (   )년간 일반 도서를 (   )권 이상 읽은 사람의 비율
- 한국 성인의 연간 독서율 (   )%
- 학생의 연간 독서율 초등학생 (   )%, 중학생 (   )%, 고등학생 (   )%
  전체 (   )%
- 한국의 성인 10명중 (   )명은 1년에 단 (   )권의 책도 읽지 않았다.

5. 빨리 읽고(skanning) 정보를 찾아봅시다.

① 2017년의 성인 독서율은 2015년에 비해 몇 퍼센트(%) 줄었습니까?
② 학생의 독서율은 초·중·고 중에서 어디가 가장 높습니까?
③ 전체 성인의 종이책 독서량은 평균 몇 권입니까?
④ 학생의 전자책 독서율은 2015년에 비해 몇 퍼센트 증가했습니까?
⑤ 한국의 성인들이 책 읽기가 어렵다고 한 이유는 무엇입니까?

✓ 읽기 후 활동

1. 중요한 정보에 주의하며 다시 읽어 보십시오. (숫자가 나온 부분에 동그라미를 쳐 보세요)

한국의 성인 독서율 역대 최저, 학생 독서율은 증가해....

 * 독서율 = 1년 동안 책을 1권 이상 읽은 사람의 비율

대한민국의 성인 10명 가운데 4명은 1년에 1권 이하의 책을 읽는 것으로 조사되었다. 지난 달 문화체육관광부는 '2017 국민 독서 실태조사' 결과를 발표하며, 성인과 학생의 '독서량'을 공개했다. 조사 결과에 따르면 한국 성인의 연간 독서율은 59.9%이며, 40%가 넘는 성인이 지난해 1권의 책도 읽지 않은 것으로 나타났다. 조사 결과는 지난 2015년보다 5.4% 감소한 것이다. 반면에 학생의 연간 독서율은 91.7%로 나타났다. 성인에 비해 높은 비율이지만 2015년 조사보다는 3.2% 줄었다. 세부적으로는 초등학생의 독서율이 96.8%로 가장 높았고, 중학생 92.5%, 고등학생 87.2%로 나타났다. 대한민국 전체의 독서 인구는 줄었지만, 책 읽는 사람들의 독서량은 비슷했다. 전체 성인들의 종이책 독서량은 평균 8.3권으로 2015년(9.1권)보다 줄었지만, 독서 인구를 대상으로 조사한 독서량은 2015년(14.0권)과 비슷한 13.8권으로 나타났다. 학생의 독서량은 평균 28.6권으로 조사되었으며, 이 중 초등학생(67.1권)의 독서량이 가장 많다. 이밖에 종이책의 독서율과 독서량은 줄었지만 전자책 독서율은 오히려 높아졌다. 전자책 독서율은 성인 14.1%, 학생 29.8%로 2015년에 비해 성인이 3.9%, 학생이 2.7% 증가했다. 평소 책 읽기를 가장 어렵게 한 이유로는 성인과 학생 모두 '시간 부족'이라고 답했다. 성인의 경우 '일 때문에 시간이 부족하다'(32.2%)는 대답이 가장 많았다. 학생들도 '학교나 학원 때문에 시간이 부족하다'(29.1%)고 답한 것이 가장 많았다.

2. 중심 생각 요약하기

- 한국 성인의 독서율은 (   )%로 2015년에 비해 (   )% (   ), 학생의 독서율 도 2015년에 비해 (   )% (   ). 독서 인구를 대상으로 조사한 독서량은 2015 년과 비슷한 (   ), 전자책 독서율은 성인이 (   )%, 학생이 (   )%로 2015년에 비해 (   ). 책 읽기가 어려운 이유로는 성인과 학생 모두 (   )이라 고 답했다.

3. 관련 어휘 확장하기

독서 : 서점, _____, _____, _____, _____, _____

취미 : 독서, _____, _____, _____, _____, _____

4. 비슷한 글 읽어보기

• 다음은 아르바이트생의 독서량에 대한 기사입니다.

전국의 아르바이트생 1645명을 대상으로 독서량에 관한 설문조사를 한 결과 최근 한 달 동안 한 권의 책도 읽지 않은 응답자가 21.6%로 나타났다. 조사 결과는 '1권'(32.5%)과 '2권 이상 3권 미 만'(32.8%), '3권 이상 4권 미만'(7.8%)의 순서로 나타났다. 책을 읽는 양도 줄었지만 서점이나 도서관 을 가는 횟수도 줄었다. 10명 중 절반 이상(52.3%)이 최근 한 달 동안 새 책을 산 적이 없다고 대답 했다. 또한 한 달 동안 '독서를 목적으로 도서관에 방문한 적도 없다'(48.6%)고 말했다. 그렇다면 이 렇게 독서가 부족한 이유는 무엇일까? 조사에 대답한 사람들 중 35.5%는 '책 읽을 시간이 없다'고 답했다. 공부와 아르바이트 때문에 독서를 할 시간이 없다고 말한 것이다. '책을 읽을 수 있는 환경 이 아니어서'(12.3%), '책보다 다른 매체가 도움이 돼서'(15.6%), '책 구매 비용이 부담스러워서'(12.1%) 등의 답변도 있었다.

5. 중심 생각 요약하기

• 위 4번 글의 중심 내용을 아래의 질문을 참고하여 요약해 보십시오.

    1. 최근 한 달 동안 독서량에 대한 설문 결과를 요약해 보십시오.
    2. 서점이나 도서관에 가는 횟수에 대해 요약해 보십시오.
    3. 독서가 부족한 이유에 대해 요약해 보십시오.

6. 세계에는 독서와 관련된 좋은 말들이 많이 있습니다. 한국이나 여러분 나라에서 독서
   와 관련된 좋은 말이 있다면 적어 보십시오.

✅ 과제

1. 여러분이 이번 주에 가장 관심을 가지고 읽은 기사를 아래의 표에 정리해서 적어 보십시오. (신문 기사, 인터넷 신문 기사)

기사 제목		
기사 내용	누가?	
	언제?	
	어디서?	
	무엇을?	
	어떻게?	
	왜?	
기사를 본 나의 느낌		

11

사실적인 글
II

[단원 목표]

신문이나 뉴스의 기사와 같은 사실적인 글을 이해할 수 있다.

⑪ 사실적인 글 Ⅱ

✅ 주제에 대해 생각해 봅시다.

• 똑같은 소식이 왜 신문사나 방송사마다 다른 것일까요?

경향 삼성 등 대기업들 통 큰 투자, 경제활성화 기여하기를
국민 정부, 기업들 투자에 규제혁신으로 호응하라
동아 삼성 "3년간 180조 투자"... 정부·기업 '미래 먹을거리' 머리 맞대야
매경 삼성의 180조 통 큰 투자, 국가경쟁력 강화로 이어지길
서경 투자고용 가뭄에 단비 뿌린 삼성의 180조 결단
세계 삼성 180조원 투자 마중물, 규제 혁파로 물길 뚫어야
중앙 삼성 180조원 투자, 성장과 일자리 가뭄에 단비 되기를
파낸 삼성 4만명 채용, 일자리 숨통 트였다
한겨레 삼성의 투자 발표, 과대평가도 폄하할 일도 아니다
한경 대기업들의 잇단 투자계획 발표, 정부가 힘 실어줘야
한국 삼성 180조 투자, 경제활력 회복·확산 기폭제 되게 해야

• 뉴스와 신문 기사는 같은 내용을 같은 방법으로 전달할 때도 있지만 내용이 달라질 때도 있습니다. 우리가 사람들을 볼 때의 생각이 다르고, 물건을 살 때의 생각이 다른 것처럼 신문사와 방송국도 자기들만의 생각과 관점이 있기 때문입니다. 그래서 똑같은 사람에 대한 똑같은 소식을 전할 때에도 기사의 표현이나 내용이 달라지게 되는 것입니다.

• 여러분이 뉴스를 보거나 신문을 읽을 때 특별히 선택하는 기준이 있습니까?

✅ 본문 1

• 다음은 식용 곤충에 대한 뉴스 보도입니다.

〈 제목 〉

'식용 곤충'은 단백질이 풍부할 뿐만 아니라 지구의 환경오염도 줄일 수 있어서 많은 사람들이 관심을 갖고 있습니다.

얼마 전 곤충으로 만든 식품이 병원의 환자들의 회복에 도움이 된다는 연구 결과가 발표되었습니다.

OO 병원 영양팀의 OOO 교수팀은 세 달 동안 수술을 받은 환자를 대상으로 실험을 한 결과를 공개했습니다.

이 실험은 환자들에게 곤충 식품이 도움이 되는지 알아보기 위한 실험이었습니다.

연구진은 수술 환자 20명에게 애벌레로 만든 곤충식을 제공하고, 나머지 14명에게는 기존의 일반 식사를 제공했습니다.

그 결과 곤충을 섭취한 환자의 하루 단백질 섭취량이 일반 식사를 한 집단보다 1.5배 정도 높게 나타났습니다.

보통 곤충이라고 하면 생김새를 떠올리고 거부감을 가지기 쉬우나, 영약에도 좋고, 환경보호에도 도움이 됩니다.

하지만 소비자들은 곤충을 먹는 것에 대해 부정적으로 생각합니다.

부정적인 생각을 바꾸기 위해서 곤충을 분말로 만들어 과자나 젤리 등 다양한 음식을 개발하고 있습니다.

이렇게 다양하게 만들면 음식 섭취가 어려운 수술환자나 암환자를 위해 활용할 수 있습니다.

한편 2012년 UN과 국제연합 식량농업기구는 미래식량 자원으로 '식용곤충'이 해당된다고 발표한 적이 있습니다.

전 세계 20억 명이 식용곤충을 섭취하고 있고, 미래에는 더 많은 사람들이 먹게 될 것이라고 이야기했습니다.

✔ 읽기 전 활동

1. 위와 같은 글의 목적은 무엇입니까?

2. 여러분도 곤충을 먹어본 적이 있다면 먹어본 경험과 느낌을 적어 보십시오. 먹어보지 않았다면 먹었을 때의 느낌을 생각하며 적어 보십시오

3. 본문에 있는 중요한 어휘를 찾아봅시다.

어휘	뜻	예문 만들기	비슷한 말, 반대말
식용	사람이 먹을 수 있는 것. 먹을 것으로 사용할 수 있는 것	한국에서는 예전부터 식용으로 닭을 기르는 집이 많았다.	
단백질			
섭취/섭취하다			
생김새			
거부감			
분말			
자원			
활용/활용하다			

4. 본문을 다시 읽기 전에 아래의 질문을 생각해 봅시다.

기사와 같은 사실적인 글을 적는 원칙이 있을까요?

5. 먹을 것이 점점 부족해지는 현실에서 사람들이 할 수 있는 해결 방법에는 어떤 일이 있을까요?

〈풀밭에도 나무에도... 단백질이 가득〉

'식용 곤충'은 단백질이 풍부할 뿐만 아니라 지구의 환경오염도 줄일 수 있어서 많은 사람들이 관심을 갖고 있습니다. 얼마 전 곤충으로 만든 식품이 병원의 환자들의 회복에 도움이 된다는 연구 결과가 발표되었습니다. OO 병원 영양팀의 OOO 교수팀은 세 달 동안 수술을 받은 환자를 대상으로 실험을 한 결과를 공개했습니다. 이 실험은 환자들에게 곤충 식품이 도움이 되는지 알아보기 위한 실험이었습니다. 연구진은 수술 환자 20명에게 애벌레로 만든 곤충식을 제공하고, 나머지 14명에게는 기존의 일반 식사를 제공했습니다.

그 결과 곤충을 섭취한 환자의 하루 단백질 섭취량이 일반 식사를 한 집단보다 1.5배 정도 높게 나타났습니다. 보통 곤충이라고 하면 생김새를 떠올리고 거부감을 가지기 쉬우나, 영양에도 좋고, 환경보호에도 도움이 됩니다. 하지만 소비자들은 곤충을 먹는 것에 대해 부정적으로 생각합니다. 부정적인 생각을 바꾸기 위해서 곤충을 분말로 만들어 과자나 젤리 등 다양한 음식을 개발하고 있습니다. 이렇게 다양하게 만들면 음식 섭취가 어려운 수술환자나 암환자를 위해 활용할 수 있습니다.

한편 2012년 UN과 국제연합 식량농업기구는 미래식량 자원으로 '식용곤충'이 해당된다고 발표한 적이 있습니다. 전 세계 20억 명이 식용곤충을 섭취하고 있고, 미래에는 더 많은 사람들이 먹게 될 것이라고 이야기했습니다.

1. 먼저 천천히 눈으로 본문을 다시 읽어 봅시다.

2. 여러분이 찾았던 어휘에 동그라미를 그리거나 밑줄을 그어 봅시다.

3. 본문에 나오는 '담화표지어'를 찾아봅시다.

담화표지어	담화표지어의 의미와 기능
하지만	
한편	
이렇게	

4. 중요한 정보를 표로 만들어 보십시오.

연구 목적	( ) 식품의 효과
연구 대상	수술을 받은 환자 ( )명
연구 방법	환자 20명 : 애벌레로 만든 ( )을 제공 환자 14명 : 기존의 ( )을 제공
연구 결과	– 곤충식을 섭취한 환자의 하루 단백질 섭취량은 환자식을 섭취한 집단 ( )배 정도 높게 나타남
활용	– 곤충을 ( )로 만들어 다양한 음식 개발이 가능함 – 현재 전 세계 ( )명이 곤충을 섭취하고 있음

5. 빨리 읽고(skanning) 정보를 찾아봅시다.

① 식용 곤충을 먹는 것이 좋은 이유는 무엇입니까?
② 곤충을 섭취한 환자들은 일반 환자들에 비해 어떤 영양 성분을 더 많이 먹게 됩니까?
③ 곤충을 먹는 것에 거부감을 갖는 이유는 무엇입니까?
④ 부정적인 생각을 바꾸기 위해서 어떤 노력을 하고 있습니까?
⑤ 곤충이 미래의 식량 자원이라고 발표한 곳은 어디입니까?

✓ 읽기 후 활동

1. 곤충식의 장점과 단점을 기사 내용을 바탕으로 요약해 보십시오.

2. 관련 어휘 확장하기

건강 : 병원, _____, _____, _____, _____, _____

음식 : 섭취, _____, _____, _____, _____, _____

3. 비슷한 글 읽어보기

곤충은 영양소가 풍부하면서도 돼지나 소 등 다른 가축에 비교해서 사육에 필요한 기간이 3개월 정도로 짧다. 소, 돼지, 닭처럼 병에 걸릴 위험도 없고, 분뇨로 인한 토양 오염도 없다. 가스를 배출하는 것도 100배나 적고, 필요한 물의 양도 20배 정도 적다. 특히 곤충을 키우는 데 필요한 공간도 다른 동물에 비해 매우 작다.

지금의 식용곤충 섭취는 인간의 발전과 지구를 위해 꼭 필요한 선택이다. 국제연합식량농업기구(FAO)는 곤충을 '지속 가능한 먹거리'로 정의하고 미래의 식량으로 큰 기대를 하고 있다. 실제로 인간이 먹을 수 있는 곤충의 종(種)은 2천 종류가 넘는다. 딱정벌레류가 634종으로 가장 많고 애벌레류 359종, 개미·벌·말벌류 302종, 메뚜기류 279종으로 그 뒤를 잇는다. 먹을 수 있는 바퀴벌레류도 32종이나 된다.

미국과 유럽에서는 곤충요리를 전문으로 하는 식당이 꾸준히 증가하고 있고, 파스타의 재료로 곤충을 사용하기도 한다. 한국에서도 서울과 부산에 곤충 전문요리 식당이 문을 열고 있다.

4. 윗글에 나온 곤충의 장점과 종류를 윗글을 보고 정리해 보십시오.

장점	– – – – –
식용 곤충 종류	– – – –

5. 식용 곤충처럼 현대인들은 식량 부족이나 에너지 부족 등을 해결하기 위해 여러 가지 노력을 기울이고 있습니다. 여러분이 알고 있는 사례를 하나씩 이야기해 보세요.

✅ 과제

1. 여러분이 이번 주에 가장 재미있게 본 뉴스나 가장 충격적이었던 뉴스를 아래의 표에 정리해서 적어 보십시오. (텔레비전 뉴스, 유튜브 등의 SNS 등)

뉴스 제목		
뉴스 내용	누가?	
	언제?	
	어디서?	
	무엇을?	
	어떻게?	
	왜?	
재미있거나 충격적이었던 이유		

12

주제별 읽기
Ⅰ

[단원 목표]
다양한 주제의 글을 읽고 이해할 수 있다.

✅ 주제에 대해 생각해 봅시다.

• 여러분은 4차 산업혁명에 대해서 들어본 적이 있습니까?

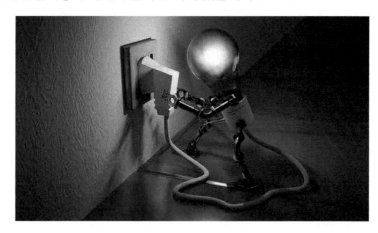

• 전 세계에 '4차 산업혁명'이라는 말이 유행처럼 번지고 있습니다. 그동안 우리는 세 번의 산업혁명을 경험했습니다. 1차 산업혁명을 통해 공장의 기계화를 경험했고, 2차 산업혁명을 통해 대량 생산이 가능해졌습니다. 3차 산업혁명을 통해서는 정보화와 자동화를 경험할 수 있었습니다. 4차 산업혁명을 통해 우리가 사는 세상이 어떻게 달라질까요?

• 여러분 주변에서 4차 산업혁명을 통해 달라진 점을 확인할 수 있습니까?

✅ 본문 1

• 다음은 4차 산업혁명에 대한 글입니다.

제목 (   )

4차 산업혁명에 대해 처음 이야기를 들은 사람들이 제일 먼저 드는 생각은 '일자리'와 관련한 생각입니다.

로봇이 사람을 대신하면서 많은 직업이 사라질 것이라는 걱정도 하게 됩니다.

'세계경제포럼'이 발표한 보고서에 따르면 4차 산업혁명 이후 2020년까지 700만 개의 일자리가 없어진다고 합니다.

하지만 반대로 새로운 직업이 생기기도 합니다.

새로운 직업에서 중요한 기술 중에 하나가 바로 '인공지능(AI)'입니다.

여러분도 '알파고'라는 인공지능 프로그램이 유명한 바둑 선수들과 바둑 대결을 하는 것을 본 적이 있을 것입니다.

이러한 인공지능은 우리 가정의 모습도 바뀌게 됩니다.

냉장고에 우유가 부족하면 냉장고가 스스로 우유를 주문하거나 공기가 좋지 않으면 공기청정기가 스스로 작동하기도 합니다. 이러한 기술을 '사물인터넷'이라고 합니다.

그렇다면 4차 산업혁명이 일어날 때 우리는 무엇을 준비해야 할까요?

과거에 많은 물건을 만들어 파는 것이 필요한 때도 있었습니다.

하지만 미래에는 더 좋은 물건을 생각하는 힘이 더 필요합니다.

그냥 생각이 아니라 '상상력'이 담긴 아이디어가 중요합니다.

이러한 힘을 '창의력'이라고 합니다.

좋은 아이디어가 생기기 위해서는 좋은 교육도 필요하겠지요?

이미 많은 나라에서 4차 산업혁명을 준비하기 위한 교육을 시작하였습니다.

4차 산업혁명 시대가 되면 우리의 생활은 어떻게 달라질까요?

운전하는 사람이 없어도 자동차가 스스로 달리고, 영화에서 보던 로봇도 쉽게 볼 수 있을 것입니다.

또한 여행을 직접 가지 않아도 집에 앉아서 세계 여러 나라를 여행할 수도 있고, 3D 프린팅 기술로 무엇이든 만들 수 있을 것입니다.

4차 산업혁명에 대한 여러분의 생각은 어떻습니까?

✔ **읽기 전 활동**

1. 윗글의 제목을 만들어 보십시오.

2. '4차 산업혁명'에 대해 인터넷에 검색하고 여러 의미를 찾아보십시오.

> 4차 산업혁명의 의미:
>
>
>
> 4차 산업혁명과 관련된 단어:

3. 본문에 있는 중요한 어휘를 찾아봅시다.

어휘	뜻	예문 만들기	비슷한 말, 반대말
관련/관련하다/ 관련되다	둘 이상의 사람이나 물건, 일이 서로 관계를 맺고 있는 것	이번 기말시험과 관련해서 하고 싶은 이야기가 있습니다.	=연관, 연결
로봇			
인공지능			
주문/주문하다			
작동/작동하다			
사물인터넷			
상상/상상력			
공기청정기			
3D 프린팅			

4. 본문을 다시 읽기 전에 아래의 질문을 생각해 봅시다.

> 우리 미래의 모습은 어떤 모습일까요?

〈4차 산업혁명이란 무엇인가?〉

4차 산업혁명에 대해 처음 이야기를 들은 사람들이 제일 먼저 드는 생각은 '일자리'와 관련한 생각입니다. 로봇이 사람을 대신하면서 많은 직업이 사라질 것이라는 걱정도 하게 됩니다.

'세계경제포럼'이 발표한 보고서에 따르면 4차 산업혁명 이후 2020년까지 700만 개의 일자리가 없어진다고 합니다. 하지만 반대로 새로운 직업이 생기기도 합니다. 새로운 직업에서 중요한 기술 중에 하나가 바로 '인공지능(AI)'입니다. 여러분도 '알파고'라는 인공지능 프로그램이 유명한 바둑 선수들과 바둑 대결을 하는 것을 본 적이 있을 것입니다. 이러한 인공지능은 우리 가정의 모습도 바뀌게 됩니다. 냉장고에 우유가 부족하면 냉장고가 스스로 우유를 주문하거나 공기가 좋지 않으면 공기청정기가 스스로 작동하기도 합니다. 이러한 기술을 '사물인터넷'이라고 합니다. 그렇다면 4차 산업혁명이 일어날 때 우리는 무엇을 준비해야 할까요? 과거에 많은 물건을 만들어 파는 것이 필요한 때도 있었습니다. 하지만 미래에는 더 좋은 물건을 생각하는 힘이 더 필요합니다. 그냥 생각이 아니라 '상상력'이 담긴 아이디어가 중요합니다. 이러한 힘을 '창의력'이라고 합니다.

좋은 아이디어가 생기기 위해서는 좋은 교육도 필요하겠지요? 이미 많은 나라에서 4차 산업혁명을 준비하기 위한 교육을 시작하였습니다. 4차 산업혁명 시대가 되면 우리의 생활은 어떻게 달라질까요? 운전하는 사람이 없어도 자동차가 스스로 달리고, 영화에서 보던 로봇도 쉽게 볼 수 있을 것입니다. 또한 여행을 직접 가지 않아도 집에 앉아서 세계 여러 나라를 여행할 수도 있고, 3D 프린팅 기술로 무엇이든 만들 수 있을 것입니다. 4차 산업혁명에 대한 여러분의 생각은 어떻습니까?

1. 먼저 천천히 눈으로 본문을 다시 읽어 봅시다.

2. 여러분이 찾았던 어휘에 동그라미를 그리거나 밑줄을 그어 봅시다.

3. 본문에 나오는 '담화표지어'를 찾아봅시다.

담화표지어	담화표지어의 의미와 기능
이러한	
그렇다면	

4. 빨리 읽고(skanning) 정보를 찾아봅시다.

    ① 세계경제포럼의 보고서를 보면 2020년까지 몇 개의 일자리가 없어진다고 합니까?
    ② 새롭게 생기는 직업에서 중요한 기술이 무엇입니까?
    ③ 물건들이 서로 의사소통을 하고 스스로 작동하는 기술을 무엇이라고 합니까?
    ④ 4차 산업혁명을 준비하기 위해 무엇을 준비해야 합니까?

✓ **읽기 후 활동**

1. 중심 생각 요약하기

- 글의 중심 내용을 아래의 질문을 참고하여 요약해 보십시오.

    1. 4차 산업혁명에서 중요하게 생각하는 것이 무엇인지 요약해 보십시오.
    2. 4차 산업혁명에서 우리가 준비해야 할 것이 무엇인지 요약해 보십시오.
    3. 4차 산업혁명으로 바뀌는 우리 생활에 대해 요약해 보십시오.

2. 관련 어휘 확장하기

일자리 : 취업, _____, _____, _____, _____, _____

미래 : 인공지능, _____, _____, _____, _____, _____

3. 중요한 정보 다시 살펴보기

다음은 본문에 나온 인공지능이나 로봇 기술과 관련한 다른 단어입니다. 설명을 잘 읽고, 설명에 맞는 단어를 넣어 보십시오.

〈보기〉 가상현실, 5G, 자율주행차, 사물인터넷, 인공지능, 스마트홈

(1) 화질이 매우 좋은 영화를 몇 초 만에 내려 받을 수 있고, 어디에 가든 인터넷을 빠르게 이용할 수 있다. 빠르게 달리는 자동차나 기차에서도 동영상과 게임을 편리하게 이용할 수 있다. (   )

(2) 얼굴에 직접 착용하는 VR 기기는 현재 게임을 하는 사람들이 많이 사용하고 있다. 하지만 앞으로는 은행 업무나 여행, 쇼핑 등 다양한 분야에서 사용할 수 있다. VR 기기를 이용하면 실제 현실과 매우 비슷한 경험을 할 수 있다. (　　　　)

(3) 프로 바둑 기사를 이긴 구글의 '알파고'는 스스로 가장 좋은 공격 방법과 수비 방법을 찾을 수 있다. 알파고는 경기마다 스스로 실력을 발전시킬 수 있다. 컴퓨터 프로그램이 인간의 도움 없이 스스로 생각할 수 있으며, 바둑이나 체스 챔피언과 경기를 치르기도 했다. (　　　　)

4. 비슷한 글 읽어보기

4차 산업혁명으로 로봇과 인공지능이 인간의 일을 대신하면 지금의 많은 직업이 없어질 수 있습니다. 특히 물건을 만들거나 건물을 짓는 일, 계산을 하는 일, 농사 등 사람이 직접 몸을 움직여 하는 직업은 로봇이 대신하게 됩니다. 반면에 인간의 감정이나 감성과 관련한 직업은 로봇이 대신할 수 없습니다. 단순한 노동은 로봇이 대신하기에 쉽지만 사람의 감정과 관련한 일은 로봇이나 인공지능이 대신하기 어렵습니다. 4차 산업혁명 이후에도 사람만 할 수 있는 직업이 있다면 어떤 직업이 있을까요?

• 4차 산업혁명으로 많은 직업이 없어져도 인간만이 할 수 있는 직업이 있을 것입니다. 여러분의 생각은 어떻습니까?

✅ 과제

1. 4차 산업혁명 시대에 바뀌게 될 우리 사회의 모습에 대해 조사해 볼까요? 분야별로
   직접 찾아 보세요.

산업(생산) 공장은 어떻게 달라질까요?	
학교(교육) 학교 수업이나 교육 방법은 어떻게 달라질 까요?	
가정생활 우리의 집에는 어떤 변화가 생길까요?	

주제별 읽기 II

[단원 목표]
한국의 세시풍속에 대해 이해할 수 있다.

◉ 주제에 대해 생각해 봅시다.

- 여러분은 한국의 세시풍속에 대해 알고 있습니까?

- 세시풍속은 한국 사람들이 계절마다 되풀이하던 여러 가지 일과 놀이를 말하는 것입니다. 여러분이 알고 있는 '설날'이나 '추석'도 세시풍속의 하나입니다. 세시풍속은 옛날에 만들어진 것이지만 지금도 한국 사람들에게는 중요한 전통문화이며, 생활입니다. 세시풍속을 이해하는 일은 한국 사람들을 더 깊게 이해하는 데 도움이 될 수 있습니다.

- 위 사진은 한국의 세시풍속 중 '대보름'에 하는 '쥐불놀이' 모습입니다. 이른 봄에 논과 밭에 불을 피워 해충을 없애는 것이 목적인 놀이입니다. '쥐불놀이'와 같은 여러분 나라의 전통 놀이와 행사에 대해 이야기해 봅시다.

- 다음은 한국의 세시풍속에 대한 글입니다.

제목 (　　　　　　　　　　　　　　　　　　　　)

음력 1월 15일은 한국의 세시풍속 중 정월대보름 풍습이 있는 날입니다.

한국에서는 설날이나 추석 다음으로 큰 명절이라고 할 수 있습니다.

둥그렇게 큰 달을 '보름달'이라고 하는 것처럼 정월대보름에는 하늘을 밝게 비추는 큰 달을 볼 수 있습니다.

옛날 한국에서는 이날이 되면 아침 일찍 '부럼 깨물기'를 하고, 오곡밥을 먹었습니다.

부럼은 우리가 즐겨 먹는 호두와 땅콩, 밤 등을 말하는 것으로 부럼을 깨무는 일은 한 해를 건강하고, 행복하게 살고 싶다는 마음이 담겨 있습니다.

오곡밥은 다섯 가지 곡식으로 만든 밥이라는 뜻입니다.

찹쌀과 차조, 붉은팥, 수수, 콩을 넣어 만든 밥입니다.

이 오곡밥을 나물과 함께 먹고 한 해 농사의 풍년을 기원합니다.

저녁 늦은 시간에는 쥐불놀이를 합니다.

쥐불놀이는 농사에서 중요한 역할을 합니다.

논이나 밭에 불을 피워 해충이나 쥐를 없애기 때문입니다.

이처럼 정월대보름의 풍습은 아직도 한국 사람들의 생활 속에서 찾아볼 수 있습니다.

정월대보름과 함께 살펴볼 수 있는 세시풍속으로 '단오'가 있습니다.

단오는 음력 5월 5일입니다.

음력 5월 5일은 농사를 지을 때 모내기(벼 심기)가 끝난 때입니다. 단오에는 특히 여러 가지 행사가 많습니다.

음력 5월 5일은 다른 나라에서도 중요한 행사가 있기도 합니다.

한국에서는 이날 여자들은 창포물(창포라는 식물을 넣고 끓인 물)에 머리를 감거나 그네를 타고, 남자들은 씨름을 하며 하루를 보냈습니다.

단오는 한 해 농사가 잘 되기를 바라는 한국 사람들의 마음이 담겨 있습니다.

단오 때는 주로 떡을 많이 먹었으며, 이때 먹는 떡을 '단오떡'이라고도 합니다.

이밖에도 한국의 세시풍속은 칠석이나 한식 등 계절에 따라 다양합니다.

지금은 세시풍속을 모두 지키지는 않습니다.

바쁜 현대인이 모두 알기도 어렵고, 주로 농사와 관련한 것들이 많기 때문입니다.

그렇지만 세시풍속을 알면 한국인의 전통문화와 생활을 알 수 있고, 한국인의 생각을 알 수 있습니다.

1. 윗글의 제목을 만들어 보십시오.

2. 여러분이 알고 있는 한국의 전통놀이에 대해 이야기해 봅시다.

윷놀이:

_____ :

_____ :

3. 본문에 있는 중요한 어휘를 찾아봅시다.

어휘	뜻	예문 만들기	비슷한 말, 반대말
풍속	옛날부터 사람들이 생활 속에서 습관처럼 하는 일	한국의 결혼 풍속이 과거에 비해 많이 달라졌습니다.	= 풍습, 민속
처럼, 같이			
깨물다			
비추다			
곡식			
양력, 음력			
주로			= 대개, 대체로
바라다			= 기원하다

4. 본문을 다시 읽기 전에 아래의 질문을 생각해 봅시다.

세시풍속과 같은 전통문화를 지키는 일이 왜 중요할까요?

다양한 한국의 세시풍속

음력 1월 15일은 한국의 세시풍속 중 정월대보름 날입니다. 한국에서는 설날이나 추석 다음으로 큰 명절이라고 할 수 있습니다. 둥근 큰 달을 '보름달'이라고 하는 것처럼 정월대보름에는 하늘을 밝게 비추는 큰 달을 볼 수 있습니다. 옛날 한국에서는 이날이 되면 아침 일찍 '부럼 깨물기'를 하고, 오곡밥을 먹었습니다. 부럼은 우리가 즐겨 먹는 호두와 땅콩, 밤 등을 말하는 것으로 부럼을 깨무는 일은 한 해를 건강하고, 행복하게 살고 싶다는 마음이 담겨 있습니다. 오곡밥은 다섯 가지 곡식으로 만든 밥이라는 뜻입니다. 찹쌀과 차조, 붉은팥, 수수, 콩을 넣어 만든 밥입니다. 이 오곡밥을 나물과 함께 먹고 한 해 농사의 풍년을 기원합니다. 저녁 늦은 시간에는 쥐불놀이를 합니다. 쥐불놀이는 농사에서 중요한 역할을 합니다. 논이나 밭에 불을 피워 해충이나 쥐를 없애기 때문입니다. 이처럼 정월대보름의 풍습은 아직도 한국 사람들의 생활 속에서 찾아볼 수 있습니다.

정월대보름과 함께 살펴볼 수 있는 세시풍속으로 '단오'가 있습니다. 단오는 음력 5월 5일입니다. 음력 5월 5일은 농사를 지을 때 모내기(벼 심기)가 끝난 때입니다. 단오에는 특히 여러 가지 행사가 많습니다. 음력 5월 5일은 다른 나라에서도 중요한 행사가 있기도 합니다. 한국에서는 이날 여자들은 창포물(창포라는 식물을 넣고 끓인 물)에 머리를 감거나 그네를 타고, 남자들은 씨름을 하며 하루를 보냈습니다. 단오는 한 해 농사가 잘 되기를 바라는 한국 사람들의 마음이 담겨 있습니다. 단오 때는 주로 떡을 많이 먹었으며, 이때 먹는 떡을 '단오떡'이라고도 합니다. 이밖에도 한국의 세시풍속은 해마다 일정한 시기에 되풀이하여 행해 온 고유의 풍속으로 칠석이나 한식 등 계절에 따라 다양합니다. 지금은 세시풍속을 모두 지키지는 않습니다. 바쁜 현대인이 모두 알기도 어렵고, 주로 농사와 관련한 것들이 많기 때문입니다. 그렇지만 세시풍속을 알면 한국인의 전통문화와 생활, 생각 등을 알 수 있습니다.

1. 먼저 천천히 눈으로 본문을 다시 읽어 봅시다.

2. 여러분이 찾았던 어휘에 동그라미를 그리거나 밑줄을 그어 봅시다.

3. 본문에 나오는 '담화표지어'를 찾아봅시다.

담화표지어	담화표지어의 의미와 기능
이처럼	
이밖에	

4. 빨리 읽고(skanning) 정보를 찾아봅시다.

　　① 한국의 정월대보름은 언제입니까?
　　② '보름달'은 어떤 달을 말합니까?
　　③ 부럼이 무엇입니까?
　　④ 오곡밥의 의미는 무엇입니까?
　　⑤ 단오는 언제입니까?
　　⑥ 단오에는 어떤 음식을 먹습니까?

5. 중요한 정보를 찾아 써 봅시다.

① 정월대보름 때 아침에 부럼을 깨무는 일의 의미를 적어 봅시다.

② 쥐불놀이는 농사에서 어떤 역할을 합니까?

③ 단오에 여자들과 남자들은 어떤 일을 했습니까?

④ 한국인들이 예전에 단오를 기념했던 이유는 무엇입니까?

⑤ 현대의 한국인들이 세시풍속을 모두 지키기 어려운 이유는 무엇입니까?

1. 중심 생각 요약하기

• 글의 중심 내용을 아래의 질문을 참고하여 요약해 보십시오.

  1. 정월대보름은 언제이고, 무엇을 먹고, 어떤 일을 하는가?
  2. 단오는 언제이고, 무엇을 먹고, 어떤 일을 하는가?
  3. 세시풍속의 의미는 무엇이고, 세시풍속을 이해하는 일이 왜 중요한가?

2. 관련 어휘 확장하기

전통 : 전통 음식, _____, _____, _____, _____, _____

문화 : 한류, _____, _____, _____, _____, _____

3. 중요한 정보 다시 살펴보기

• 한국의 세시풍속에는 한국인의 생활과 전통이 담겨 있습니다. 다음 설명은 정월대보름과 단오의 행사에 대한 설명입니다. 본문을 읽고 어떤 풍속인지 옆에 적어 보십시오.

① 예전에는 겨울에 신선한 야채와 과일을 먹기가 힘들어 비타민과 철분 등이 많은 나물과 함께 먹으며 영양소를 보충하였다.	
② 피부병을 예방하는 영양소가 풍부하게 들어 있으며 이를 튼튼하게 만들어 준다.	
③ 농사를 하기 전에 논이나 밭 주변에 불을 피워 해충과 쥐 등 농사에 해를 주는 것들을 미리 없앴다.	
④ 마을 밖의 경치도 볼 수 있고, 자연스럽게 스트레스를 풀 수 있는 놀이이다. 자연스럽게 팔과 다리의 힘도 길러진다.	
⑤ 농사일을 할 때 중요한 것은 힘과 체력이다. 예전에는 마을의 남자들이 이웃 마을 사람들과 서로 힘을 겨루었다. 우승을 하면 농사에서 가장 중요한 '황소'를 선물로 주었다.	

4. 비슷한 글 읽어보기

사람들이 언제부터 옷을 입었을까요? 선사시대의 벽화를 보면 당시의 사람들은 나무껍질이나 동물의 털로 된 옷을 입었다는 것을 알 수 있습니다. 시간이 지나 사람들은 동물의 털이나 곤충을 이용해서 '실'을 만들게 되었고, 실로 천을 만들어 옷을 입게 되었습니다. 지금은 옷의 종류도 다양하고, 나라마다 비슷한 옷을 입고 있지만 과거에는 조금 달랐습니다.

한국의 전통 복장을 한복이라고 합니다. 색이 아름다워서 한복을 입고 사진을 찍고 싶어하는 외국인들이 많습니다. '킬트'는 영국 스코틀랜드 남자들이 입는 전통 옷입니다. 여러 색을 바둑판 모양으로 만든 것으로 남자들의 옷이지만 바지가 아니라 치마입니다. '판초'는 멕시코 사람들의 전통 복장입니다. 네모 모양의 가운데에 머리를 넣는 구멍이 뚫려 있습니다. 옷을 입고 벗는 일이 매우 편한 것이 특징입니다.

여러분 나라에는 어떤 전통 복장이 있습니까?

① 전통 문화에는 여러 가지가 있습니다. 전통 복장도 전통 문화의 한 종류입니다. 여러분 나라의 전통 의상에는 무엇이 있는지 한국인에게 소개해 보십시오.

② 앞에서 본 것처럼 한국의 세시풍속은 점점 사라지고 있습니다. 여러분 나라의 세시풍속은 어떻습니까? 전통 문화를 지키기 위해 할 수 있는 일에는 어떤 일이 있을까요?

✅ 과제

한국의 명절이나 절기와 비슷한 여러분 나라의 세시풍속 중에서 한국 친구들에게 꼭 알려주고 싶은 세시풍속을 찾아서 적어 보세요.

언제인가요?	
어떤 일을 하나요?	
어떤 음식을 먹나요?	
이날에 특별한 의미가 있나요?	
한국 친구에게 소개하고 싶은 이유가 무엇인가요?	

읽기 후
활동 길잡이

안내하는 글 I	
– 본문1 읽기 후 활동 –	
2	크게 확장했고, 완공했으며, 온라인 검색 시스템
3	검색, 대출, 반납, 자료, 열람실
4	① 5시(오전 5시), 24시(오후 12시) ② 월요일부터 금요일까지 이용 ③ 학기 중 토요일에 이용 ④ 이용할 수 없음
5	① 4층 ② 3층 ③ 역사 관련 자료 제공 ④ 5층 ⑤ 순수과학, 기술과학, 어학, 문학, 역사 관련 단행본
– 본문2 읽기 후 활동 –	
1	수강바구니에 등록한다, 재신청하거나 다른 과목으로 변경하여 신청한다, 수강신청교과목 정정요청서를 작성하여
2	수강바구니, 재신청, 수강정정, 수강신청교과목 정정요청서
3	① 08. 08.(화) 09:30 ∼ 08. 10.(목) 24:00 ② 모바일, 웹 ③ 장애학생, 특기자 ④ 홈페이지 ⑤ 09. 11.(월) 이후 상시 ⑥ 09. 05.(화) 09:30 ∼ 09. 08.(금) 24:00 ⑦ 담당 교수님을 통해 할 수 있다. ⑧ 모바일이나 웹에서 학생이 직접 철회한다.

	안내하는 글 Ⅱ
	- 본문1 읽기 후 활동 -
1	7층 석탑, 넓은 잔디밭, 충주 박물관, 탄금호수, 수상레저
2	공원: 잔디, 산책, 소풍, 운동, 자전거 타기 박물관: 견학, 위인, 유물, 역사 자료, 전시 관광: 유람선, 관광버스, 관광 안내원, 관광지, 관광객
3	① 1000원 ② 주소지가 충주인 분, 65세 이상 경로우대자, 군인, 경찰, 국가유공자, 장애인, 국민기초생활 수급자 ③ 7000원
	- 본문2 읽기 후 활동 -
1	후원하는, 39, 55, 체험
2	축제: 볼거리, 행사, 불꽃놀이, 체험, 특산물 공연: 입장료, 무용, 연극, 음악, 관객
3	① 10인 이상 단체 시 사전에 예약전화를 한다. ② 좋아하는 물건 앞에서 직접 그릴 수 있다. ③ 25,000원 ④ 옛날에 사용했던 윷놀이 도구를 직접 색칠하는 체험을 한다..

광고하는 글	
— 본문1 읽기 후 활동 —	
1	깨끗하게 하고, 미세먼지, 유해가스, 높이, 공기청정기가 스스로, 가능하고, 무상보증
2	공기: 환기, 미세먼지, 건조하다, 습하다, 오염 광고: 광고 모델, TV 광고, 잡지 광고, 신상품, 정보
3	상품 이름: 깨끗해 치약 상품 광고: 깨끗해 치약으로 양치를 하면 입안이 개운하고, 충지 예방 효과가 있습니다.
— 본문2 읽기 후 활동 —	
1	세탁 기능이 강력하다. (저소음, 전기료 부담이 적음, 세탁 방법 자동 조절, 원격 세탁 가능)
2	냉장고, 전기밥솥, 건조기, 다리미, 에어컨
4	제품 가격: 49,900원 제품 구성: 세탁 세제 2리터 세 통에 한 통을 더 드리는 구성 사은품: KU 섬유유연제 행사 기간: 2월 1일부터 일주일 간 진행 환불 기간: 2주일 안에 가능 주의 사항: 사은품으로 인한 환불이나 반품은 소비자가 택배 비용을 부담하셔야 합니다.

	요청하는 글
	- 본문1 읽기 후 활동 -
1	① 운동화 크기가 작다. ② 280mm로 교환을 하고 싶다. ③ 왕복 택배비를 운동화와 함께 쇼핑몰로 보내야 한다.
2	쇼핑: 할인, 백화점, 물건, 홈쇼핑, 쇼핑몰 택배; 택배 기사, 반품, 택배함, 택배비, 택배물
3	성명: 왕준 주소: 서울시 〇〇동 98-7번지 휴대전화: 010-1234-5678 교환 이유: 안녕하세요? 지난주에 바지를 구입했는데 입어보니 사이즈가 큽니다. 한 사이즈 작은 것으로 교환을 하고 싶습니다.
	- 본문2 읽기 후 활동 -
1	안녕하세요? 교수님 저는 경영학과 2학년 왕준입니다. 다름이 아니라 제가 고향에서 늦게 한국에 오는 바람에 교수님 강의를 신청하지 못해서 추가 요청서를 작성하게 되었습니다. 교수님 과목을 이번 학기에 꼭 듣고 싶은데 추가 신청을 할 수 있도록 부탁드립니다. 감사합니다.
2	공강 시간, 학점, 학기, 수업 시간표, 학과 시간표
3	교수님 안녕하세요? 저는 경영학과 2학년 왕준입니다. 다름이 아니라 제가 몸이 많이 아파서 어제 병원에 입원을 했습니다. 수업에 빠지지 않으려고 했는데 결석을 하게 되어서 정말 죄송합니다. 치료 잘 받고 빨리 학교에 가도록 하겠습니다. 감사합니다.

	정보를 전달하는 글
	– 본문1 읽기 후 활동 –
1	① 2006년 ② 세계무술공원 ③ 세계무술박물관, 야외공연장, 연못과 물레방아, 수석공원, 돌 미로원 등
2	개관: 미술관, 전시관, 도서관, 영화관, 회관 접수: 우편물, 소포, 물건, 우체국, 인터넷
	– 본문2 읽기 후 활동 –
1	① 2003년 ② 1백만 명 정도 ③ 산천어 얼음낚시, 눈썰매, 봅슬레이 등
2	관광: 축제, 볼거리, 먹을거리, 관광객, 체험 행사
3	식당을 예약하고 싶다고 말했더니 오늘은 이미 예약이 꽉 찼고 내일부터 예약이 가능하다고 했다. 그래서 내일 저녁 6시 30분에 세 사람 자리를 예약했다. 메뉴는 내일 직접 가서 고르겠다고 말했다.

	경험을 전달하는 글 I
	– 본문1 읽기 후 활동 –
2	적극적인, 행동으로, 제가 직접, 행동을, 자신감, 장점입니다.
3	동아리: 취미, 활동, 모임, 관심, 친구 유학: 유학생, 외국, 외국어, 유학비, 비자
5	① 목표가 정해지지 않았기 때문이다. ② 지원하고자 하는 회사나 대학원에 대한 다양한 정보를 찾아본다.
6	1) 실패한 경험 2) 문제 해결 경험 3) 새로운 환경에 적응한 경험

경험을 전달하는 글 Ⅱ		
	– 본문1 읽기 후 활동 –	
1	칠보사 표지판, 칠보사, 쉼터, 경치, 20분 정도, 5시	
2	탐방: 지역, 등산로, 관광지, 유적지, 제주도 휴식: 여가 시간, 휴가, 방학, 주말, 공휴일	
3	장소: 초례봉 (635.7m) 탐방일: 2018년 10월 3일 위치: 대구시 동구 경산시 화양읍 와촌면 소재 탐방 시간: 5시간 20분 동행인: 친구들 탐방 코스: 장소 / 시간 11:20 안심역, 12:10 칠보사 들머리, 13:10 쉼터, 14:40 주능선, 15:50 초례봉 정상, 16:20 하산, 17:50 매여동 종점	
	– 본문2 읽기 후 활동 –	
1	관심 분야– 의상 디자인 저는 어렸을 때부터 미술과 만들기를 좋아했습니다. 특히 옷을 그리고 만드는 것에 관심이 많아서 의상디자인을 전공하기로 결심했습니다. 앞으로 제가 만든 옷을 패션쇼 무대에서 보는 것이 꿈입니다.	
2	석사: 졸업, 논문, 전공, 지도교수님, 학위 문화, 나라, 문화 차이, 다문화, 의식주 문화, 경험	

	경험을 전달하는 글 Ⅲ
	- 본문1 읽기 후 활동 -
1	주인공, 감독, 영화 장르 등
2	영화: 배우, 출연, 감독, 주인공, 조연 꿈: 미래, 계획, 소원, 바람, 성공
	- 본문2 읽기 후 활동 -
2	한국 명탐정 시리즈 영화 1편과 2편에서는 신기한 장치도 많이 보여주었는데 3편에서는 그런 장치가 보이지 않았다. 이 영화는 배우들의 연기가 안정감이 있고, 추리를 바탕으로 과거의 모습과 현대의 모습이 조화를 잘 이룬다. 반면에 영화의 줄거리를 너무 쉽게 추측할 수 있어서 아쉬웠고 마지막 장면이 전체의 내용과 잘 어울리지 않아서 조금 실망했다.
3	가족: 모임, 사진, 여행, 행복, 명절 친구: 남자 친구, 룸메이트, 고향 친구, 우정, 사귀다

	사실적인 글 Ⅰ
	- 본문1 읽기 후 활동 -
2	59.9, 5.4, 감소했다, 3.2, 줄었다, 13.8권으로 나타났다, 14.1, 29.8, 증가했다, 시간 부족
3	독서: 가을, 책, 독후감, 취미, 도서관 취미: 운동, 여가 시간, 활동, 등산, 음악 감상
5	독서량에 관한 설문조사를 한 결과 최근 한 달 동안 한 권의 책도 잃지 않은 응답자가 21.6%로 나타났다. 그리고 책을 읽는 양도 줄었지만 서점이나 도서관을 가는 횟수도 줄어든 것으로 조사되었다. 이처럼 독서가 부족한 이유로 책을 읽을 시간이 없다고 답한 사람이 35.5%로 가장 많았다.
6	-안중근 의사: 하루라도 책을 읽지 않으면 입 안에 가시가 돋는다. -르네 데카르트: 좋은 책을 읽는 것은 과거 몇 세기의 가장 훌륭한 사람들과 이야기를 나누는 것과 같다. -소동파: 책이 많다는 것은 바닷속으로 들어가는 것과 같다. 만물이 거기 다 있다. -두보: 만 권의 책을 독파하면 귀신처럼 붓을 놀릴 수 있다. -마크 트웨인: 좋은 책을 읽지 않는 사람은 책을 읽을 수 없는 사람보다 나을 바 없다. -리처드 스틸: 독서가 정신에 미치는 효과는 운동이 신체에 미치는 효과와 같다.

	사실적인 글Ⅱ
	– 본문1 읽기 후 활동 –
1	곤충식은 단백질이 풍부해서 영양에도 좋고, 지구의 환경오염도 줄일 수 있어서 도움이 됩니다. 하지만 소비자들은 곤충을 먹는 것에 부정적으로 생각하는 경우가 많기 때문에 곤충을 분말로 만들어서 과자나 젤리 등 다양한 음식을 개발하고 있다.
2	건강: 운동, 식습관, 관리, 건강 검진, 정신 음식: 주식, 간식, 인스턴트, 패스트푸드, 전통음식
4	장점: 영양소가 풍부하다, 다른 가축에 비해서 사육에 필요한 기간이 짧다, 병에 걸릴 위험이 없다, 토양 오염이 거의 없다, 가스 배출량이 적다, 필요한 물의 양도 적다, 키우는 데 필요한 공간이 작다 식용 곤충 종류: 딱정벌레류, 애벌레류, 개미·벌·말벌류, 메뚜기류, 바퀴벌레류 등
5	미래에 식량이 부족할 것을 미리 예측해서 다양한 식물의 씨앗을 보관하는 나라들이 늘고 있다. 환경에 맞는 새로운 품종을 개발한다. 에너지 부족을 해결하기 위한 방안으로 대체 에너지 개발을 하는 것이 있다. 대체 에너지로는 태양열 에너지, 풍력 에너지, 수력 에너지 등이 있다.

	주제별 읽기Ⅰ
	– 본문 읽기 후 활동 –
1	4차 산업혁명이 일어나면 일자리가 없어질 것이라고 걱정하는 사람들이 많다. 하지만 새로운 직업이 생기기도 하는데 여기서 중요한 기술 중에 하나가 인공지능(AI)이다. 4차 산업혁명이 일어날 때 우리는 창의력을 기를 수 있도록 해야 한다. 이러한 창의력을 기르기 위해서는 4차 산업혁명을 준비하기 위한 교육이 필요하다. 4차 산업혁명 시대가 되면 자동차가 스스로 달린다든지, 주변에서 로봇을 쉽게 볼 수 있다든지, 집에서 세계 여러 나라를 여행하거나 3D 프린팅 기술로 무엇이든지 만들 수 있게 될 것이다.
2	일자리: 직장, 이력서, 면접, 실업, 구직 미래: 로봇, 자율주행 자동차, 로켓, 꿈, 우주
3	(1) 5G (2) 가상 현실 (3) 인공지능
4	인간만이 할 수 있는 직업으로는 변호사, 상담심리사, 선생님 등이 있다고 생각한다.

	주제별 읽기 Ⅱ
	– 본문 읽기 후 활동 –
1	정월대보름은 음력 1월 15일인데 호두와 땅콩, 밤 등과 오곡밥을 나물과 같이 먹는다. 그리고 저녁 늦은 시간에는 쥐불놀이를 한다. 단오는 음력 5월 5일인데 단오떡을 주로 먹는다. 그리고 여자들은 창포물에 머리를 감거나 그네를 타고, 남자들은 씨름을 한다. 세시풍속은 해마다 일정한 시기에 되풀이하여 행해 온 고유의 풍속이다. 세시풍속을 알면 한국인의 전통문화와 생활, 생각 등을 알 수 있다.
2	전통: 전통 의상, 전통 가옥, 전통 놀이, 명절, 관습 문화: 음식 문화, 의복 문화, 주거 문화, 언어 문화, 문화재
3	① 오곡밥과 나물을 먹는다. ② 호두, 땅콩, 밤 등을 깨물어 먹는다. (부럼 깨물기) ③ 쥐불놀이 ④ 그네 타기 ⑤ 씨름
4	① 베트남 (아오자이), 일본(기모노), 중국(치파오), 인도(사리) 등 ② 전통을 지키기 위해서는 먼저 전통 문화에 관심을 가져야 한다. 그리고 전통 문화를 세계화하기 위해서는 고유성을 살려야 하며, 전통문화를 체험할 수 있는 기회가 많아져야 한다.